北戴河记忆

主编　闫宗学

燕山大学出版社

2018 · 秦皇岛

高尚的传承与迭代

近日，文广新局邀我为《北戴河记忆》作序，一书在手，满目风华。该书以老照片的形式串联和钩沉起北戴河的过往，真实地还原和反映了近代北戴河的政治、经济、文化、旅游和社会民生的千姿百态。该书的出版，恰逢北戴河辟为避暑地 120 周年、北戴河海滨公益会成立 100 周年，其意义不言而喻，值得额手相庆！

这段历史给我留下印象最深刻的，当属北戴河海滨公益会之于北戴河的不朽贡献。由此，我想到一个关键词——高尚！

高尚是一种情怀，当这样的情怀与家国相关，就会变得伟大。而北戴河的昨天和今天，一直生长和延续着高尚。

提及北戴河的开发建设，我们第一个想起的就是朱启钤先生。1919 年 7 月，为“争主权，攘外人”，朱启钤发起成立了北戴河海滨公益会，负责海滨的统一规划、地方公益、市政管理、税务收支、开发建设等事宜。

朱启钤向内务部和直隶省政府报送的建立公益会的呈文中有言：“盖山川草木之菁英，实为国民高尚之精神可寄，而公共事业之兴举与否，尤为居民自治能力之表示也。”朱启钤先生把这样的高尚精神与“山川草木、公共事业和居民自治能力”紧密地结合起来，领导公益会苦心经营，历时 14 年，不忘初心做了很多实事。在维护主权发展地方与开发创立模范自治两个方面取得的成效极为显著，在中国的历史上绝无仅有，为北戴河发展成为著名的避暑胜地奠定了坚实基础。

当然，有此高尚精神的又何止朱启钤先生一人呢？很多具有家国情怀的爱国人士都曾在北戴河传达着这样的能量，并为“山川草木之菁英”“公共事业之兴举”而不遗余力。高尚的基因在北戴河薪火相传。

高尚精神更是我们共产党人的追求。1939 年 12 月，毛泽东在《纪念白求恩》一文中，这样阐述：“我们大家要学习他毫无自私自利之心的精神。从这点出发，就可以变为大有利于人民的人。一个人能力有大小，但只要有这点精神，就是一个高尚的人，一个纯粹的人，一个有道德的人，一个脱离了低级趣味的人，一个有益于人民的人。”2017 年 8 月 13 日，习近平总书记以普通党员身份参加了所在党支部的专题组织生活会，他指出：“希望大家做一个脱离低级趣味的人、高尚的人。榜样是谁呢？张思德、白求恩、焦裕禄、麦贤得，有历史的楷模，也有时代的楷模。我希望同志们的参照系就是这些楷模。”

这样的高尚精神迭代传承，依然延续。新时代的北戴河，需要在这样的高尚中重拾骄傲，找寻自信，奋发有为。1986 年，改革开放之初，商品经济始兴，现代旅游发轫，为防止见利忘义，北戴河区委、区人大、区政府、区政协联合向社会发出《做高尚北戴河人号召书》，开启了“做高尚北戴河人”的序幕，这一持续久远的活动影响和带动了一代又一代北戴河人。

高尚蕴含着对美好事物、美好情操、美好生活、美好理想的守望和追求，以及对丑恶、腐朽、阴暗的排斥。如今，这样的高尚精神一直在发展和丰富，如持续开展“接力沈汝波、为民做好事，做高尚北戴河人”志愿活动。高尚精神体现在“烟头革命”中，体现在暑期工作中，也体现在“蓝天保卫战”“碧水保卫战”中。由此而凝结的赤土山精神，“忠诚、仁爱、磨炼、担当、实干、奉献”，成了这一代北戴河人高尚精神的内涵。拾金不昧、助人为乐、文明经商、清洁卫生已蔚然成风。正是一代代北戴河人将高尚不断传递，才有了今天文明幸福的北戴河。

历史照进现实。今日的北戴河目标坚定，奋力开启绿色发展、实现百年跨越，加快建设滨海强区、健康之都，打造宜居、宜业、宜游、宜养的魅力之城、幸福之城、智慧之城。而这一切，都要源于高尚。

高尚，一定是北戴河的永恒。

田金昌

中共秦皇岛市委副书记、北戴河区委书记

2018 年 9 月 6 日

永恒的映象

公元1898年，岁值戊戌，这一年，在中国的历史上，是一个具有重要意义的年份。这一年，不仅是全国推行变法维新的年份，也是秦皇岛作为“自开口岸”开埠的年份，是北戴河海滨被清政府确定为自主开放的“允中外人士杂居”的“避暑地”的年份。

北戴河作为中国政府首个也是唯一一个自主对外开放的旅游避暑地，其发展的道路和过程是很特别的。先是外国人士在此筑房结社以自治，并“骎骎侵行政主权”，其后便有以北洋政府要员朱启钤、周学熙等人组建“北戴河海滨公益会”，抱开放的心态，维护主权，积极开发，苦心经营，创建自治模范，并把北戴河海滨建成了当时享誉世界、在远东罕有其匹的避暑旅游胜地。

在20世纪初至30年代，北戴河海滨已开许多中国旅游史上的先河之举，比如第一条旅游专用铁路支线、第一条旅游专用航线、第一张旅游招贴画、第一批旅游导游书等。那时的北戴河海滨旅馆饭店、各类商店，以及银号钱庄、照相馆、咖啡馆、洗染房、中外文书店、旅行社等红火异常；网球、垒球、高尔夫球及海浴、裸浴、沙浴与歌舞等外来体育休闲活动踊跃开展。可以说我们今天所说的旅游业“吃、住、行、游、娱、购”六大要素，当时在北戴河海滨就已一应俱全。

当然，在那个年代，当时北戴河的旅游业不可能不打上半封建半殖民地社会的历史烙印。

20年前，当我撰写《大雨落幽燕——北戴河百年风云》及以后著《北戴河——中国现代旅游业的摇篮》《中国旅游圣地北戴河》等书时，常常苦于缺少老照片展示那段业已逝去的历史记忆。现在好了，由中共北戴河区委、区政府策划，由北戴河文化局组织，由北戴河区文物保管所所长、北戴河博物馆馆长闫宗学主编的《北戴河记忆》，即将在纪念北戴河海滨辟为对外开放避暑地120周年之际出版，这实在是件值得庆贺的好事。

《北戴河记忆》精选了398幅老照片，配以精练的专业文字，生动、形象、全面地向人们展示了丰富多彩的历史画面。

从《北戴河记忆》中，我们不仅见到了距今一个甲子年前的北戴河海滨的大海、沙滩、山丘、庙宇、建筑、农村等的自然风貌，热闹快乐的旅游活动，时髦洋化的衣装服饰，风云际会中的中外名人，更能一睹一些现在已经很难见到的冀东乡村的生产生活场景以及如骑驴游览、打驴球等独特的旅游项目，都会引起我们的遐想与追忆。

海山依旧，人间换貌。北戴河海滨的旅游业，在中华人民共和国成立以后，特别是改革开放以来有了举世瞩目“换了人间”的大发展。从某种意义上讲，承接历史传承的北戴河继续发挥着引领中国旅游事业发展的作用。

《北戴河记忆》的编者与组织者与我相交多年，他们是由衷热爱家乡、肯于做事的业内人士，今嘱我为此书作序。我想，任何文字都不如宝贵的历史照片表达得真切深刻，还是让我们沉下心来认真地阅读欣赏、品味感悟这一幅幅能勾起我们历史记忆的老照片吧！

孙志升

2018 年 8 月 18 日

目录

历史瞬间的定格　城市永恒的记忆

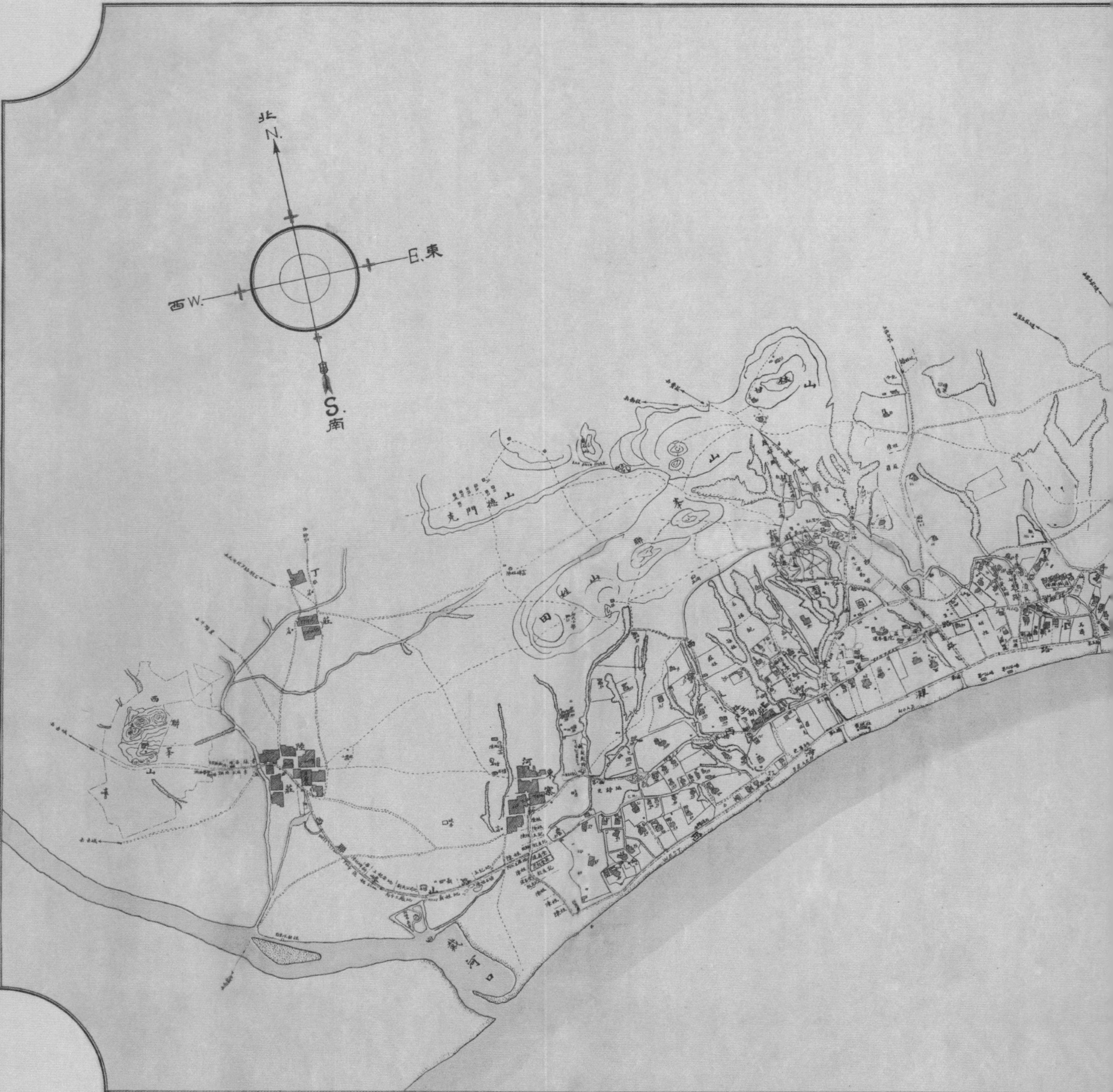
北 N.
E. 東
西 W.
S. 南

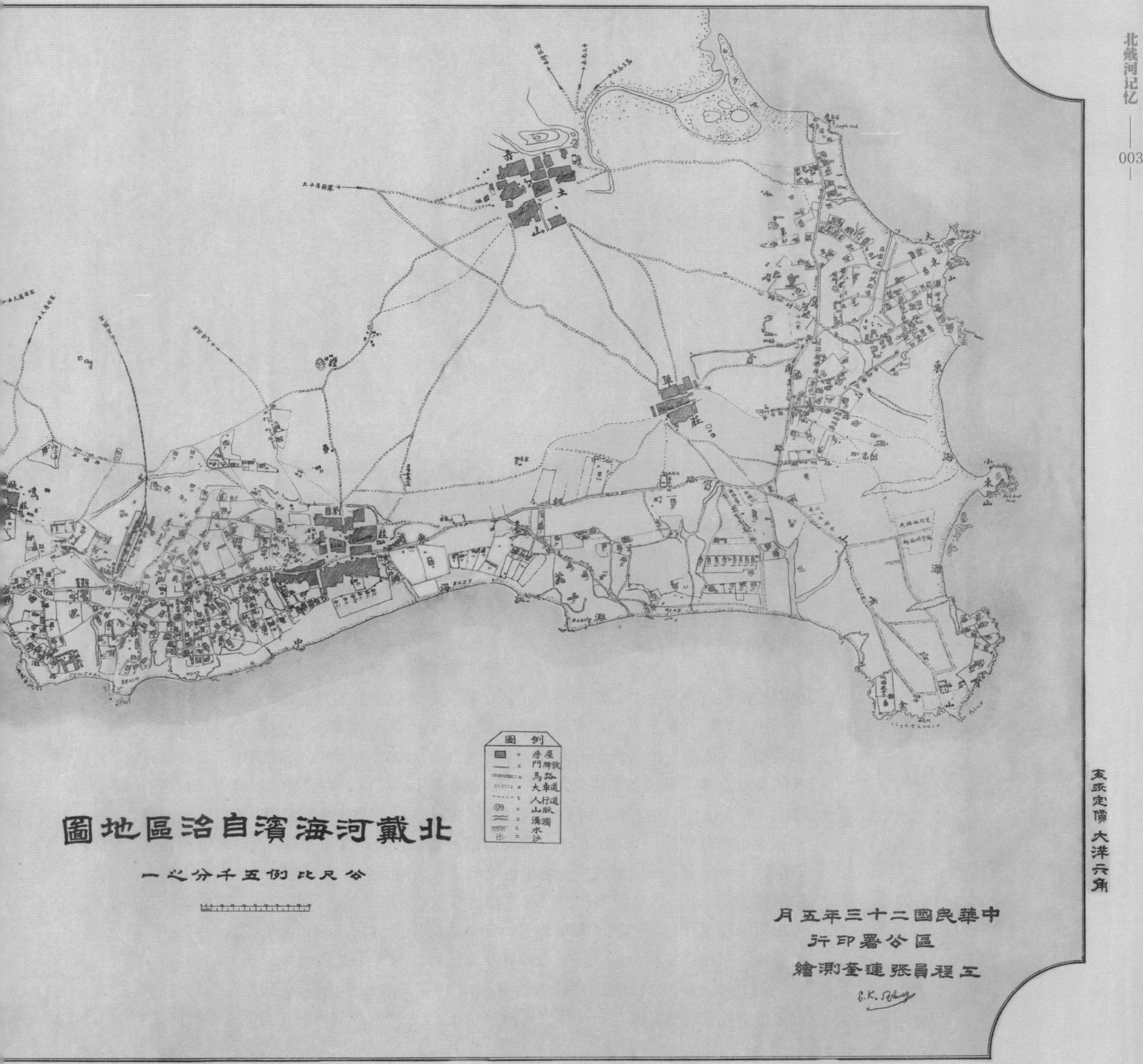
北戴河海濱自治區地圖
公尺比例五千分之一
圖例
房屋
門牌號
馬路
大車道
人行道
山脈
海灘
沙水
中華民國二十三年五月
區公署印行
工程員張連奎測繪
E.K. Chang
CENTRAL BEACH ROAD
EAST BEACH ROAD

每張定價 大洋六角

20 世纪 20 年代北戴河海滨风貌

风光风情

北戴河，是个美丽而神奇的地方。

北戴河海滨峰峦起伏，佳木成荫，海湾连绵，金沙铺岸。晴丽时鱼翔鸥浮，风动处惊涛堆雪，“天开图画成乐土，人住蓬莱似列仙”（康有为诗句）。两千多年前，这里就是诸侯帝王观海、祈福、求仙之所。据当代考古发掘证实，秦始皇及汉武帝到碣石进行活动的主要地方就是北戴河海滨。据史籍记载，魏武帝曹操、隋炀帝杨广及唐太宗李世民都曾到这里观海赋诗。

北戴河海滨风景绝佳，名胜主要集中于联峰山、金山嘴、鸽子窝和中海滩。著名的海滨“二十四景”便点缀其中。

一脉青山，山光积翠；一汪碧水，水色含青。联峰山，因三座松林覆盖的山峰山势联缀，故有联峰之妙，名曰联峰山，远视又似莲蓬，亦名莲蓬山。婀娜俊美的联峰山，山色青翠，植被繁茂，夏秋季节，草木葱茏，花团锦簇，虬松劲柏，四季常青。戴河如练，依偎于山脚蜿蜒入海。山中名胜古迹众多，亭台别墅掩映其中，如诗如画。其间景点众多，听其名字就令人向往，诸如莲花石、鹿囿、蠖公桥、观音寺、对语石、海眼、福饮泉、上莲峰等。南面是悠缓漫长的海岸线，沙软潮平，一湾碧海，浩渺无垠。

金山嘴是联峰山余脉，位于北戴河海滨最东端，因其直插入海，形似鸟嘴而得名。谓之“一峰压水，三面晴波”。这里包括海神庙、南天门、钓鱼台等景点。金山海市，如梦如幻，历史上这里曾多次出现海市蜃楼奇景。明嘉靖年间兵部尚书翟鹏曾有诗云：“山头隐隐见楼台，万状千形顷刻开。出入人踪凌汉远，淡浓树影倚云栽。宫高星斗檐前挂，帘卷霓红扃外堆。闲云登临消半日，浑如身世上蓬莱。”

鸽子窝公园位于北戴河海滨东北角。由于地层断裂所形成的临海悬崖上有一巨石，形似雄鹰屹立，故名鹰角石。该石高 20 余米，过去常有成群海鸥（当地人称海格子）

栖聚于石缝之中，故名鸽子窝。1937 年（民国二十六年），北戴河海滨公益会在海边石崖顶端修一凉亭，取名鹰角亭，石柱琉璃瓦，古朴大方，这里是观日出最佳之处。

北戴河海滨东一路至剑秋路一带海滩，通称中海滩。这一带依山襟海，位置适中，有宽阔的浅海和明净的沙滩。这里沙软潮平，分布着北戴河大多数的海滨浴场，是游人最多的地方。景区以老虎石景点为中心，各种风格、不同特色的近代建筑群错落有致。

一方水土，自有一番风情。北戴河的民生风情独具冀东海滨特色。近代的北戴河海滨原是几个荒僻的渔村，当地农业、渔业以传统的生产方式进行。据 1946 年调查，当年共有渔船 120 只，主要为风力船和摇船。北戴河地多丘陵，土壤贫瘠，农业生产采用传统粗放耕种方式，“其种植物限于旱作之高粱、豆、玉蜀、黍、稷之数种，间有种棉与芝麻、落花生、马铃薯者”。戴河沿岸灌溉采用梯级提水灌溉农田，效率低下，农民收入微薄。当地居民闲暇时靠出租毛驴赶驴脚、拉洋车、给人看楼做佣工贴补生计。北戴河海滨道路崎岖不平，为了方便游客，海滨兴起了赶驴脚和肩舆业，后来出现了黄包车。旅馆饭店业兴起于 20 世纪 20 年代，30 年代初最为鼎盛，旅馆饭店主要分布在西经路与东经路。随着避暑地的发展建设，别墅建筑日渐增多，建材业大为发展，建筑材料以当地花岗岩、青砖为主。北戴河乡村庙宇较多，庙会也很多，尤以观音寺庙会规模最大。

20 世纪 20 年代北戴河风光

20世纪20年代北戴河海滨风光

峯山風景之佳爲北戴河各處之冠○曦贈

北戴河海濱六合莊野望　WEST END. PEITAIHO.

北戴河海濱車站附近　GREETINGS FROM PEITAIHO.

1921 年北戴河海滨公益会发行的一套风光明信片

鸽子窝，位于北戴河海滨东北角。由于地层断裂而形成的临海悬崖上，有一块20米高的嶙峋巨石，形似雄鹰屹立在海边，被称为鹰角岩。因常有成群海鸥栖聚于岩石缝隙中，当地人称海鸥为海鸽子，故名鸽子窝。

20世纪20年代北戴河鸽子窝景象

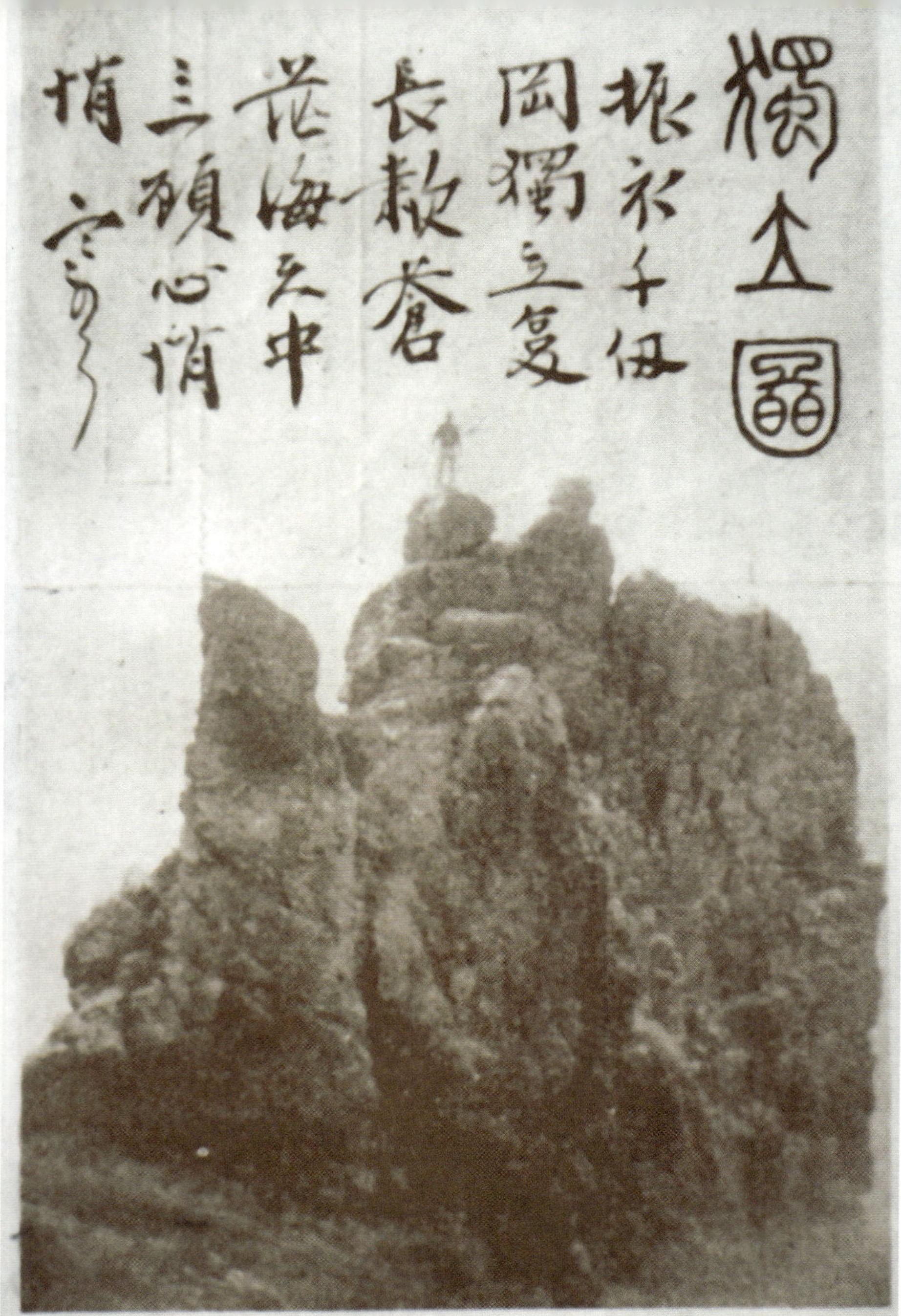

袁寒雲題十一弟雪侯鴿子窩獨立圖

洹上袁十一贈。

Mr. Yuan Hsueh-Hou on the top of the Ke Tzu Wo Rock, Peitaiho.

1929 年夏，北戴河海滨公益会与北平画院在观音寺合办“北戴河名胜风景图片展”，展出作品 109 件。其中袁克安拍摄的《鸽子窝独立图》，作品上有袁克文题诗，是重要的参展作品。

20 世纪 20 年代北戴河鸽子窝

20世纪20年代北戴河鸽子窝

20世纪20年代北戴河东山景象

金山嘴是联峰山余脉，位于北戴河海滨最东端，因其直插入海，形似鸟嘴，故名金山嘴。其景点包括海神庙、南天门、钓鱼台等。

1925 年拍摄的北戴河金山嘴全貌

1924 年，美国考古专家毕孝浦博士曾在金山嘴发现古文化遗存。1925 年，毕孝浦博士组队在此进行考古调查，发现大量文物，经考证为秦代文物，证明金山嘴遗址为秦代遗址。

1925 年的北戴河海滨金山嘴

20 世纪 40 年代海神庙全貌

1925 年拍摄的北戴河金山嘴灯塔

金山嘴附近海中暗礁众多，为防止灾难发生，清末在金山嘴岬角建有灯塔，指示航船。西方人称金山嘴为灯塔角（Lighthouse Point）。

对语石，位于金山嘴南侧山坡石峡。两块形态生动的山石，一高一低，一仰一倾，宛若二位老人窃窃私语。

20 世纪 20 年代金山嘴南天门外国游客

金山嘴悬崖之下，有海蚀石洞，状若石门，称为南天门。攀登其巅，临崖望海，洪涛激荡，浪花飞白。

20 世纪 20 年代金山嘴南天门

20 世纪 30 年代金山嘴南天门

联峰山，位于北戴河海滨中心偏西，傍海东西横列5千米，有东联峰山、中联峰山、西联峰山之分。此山于1919年就建成了北戴河最大的森林公园，以登山览胜、林中探幽为特点，原有的地形地貌和植被保存完好。园内有三座松林覆盖的山峰，因山势联缀故有联峰之妙，名曰联峰山，远视又似莲蓬，亦名莲蓬山。最高峰东联峰山海拔153米，是北戴河的制高点。

1925年自金山嘴望联峰山

20 世纪 20 年代联峰山

20 世纪 20 年代联峰山

1919 年，北戴河海滨公益会在联峰山设立莲花石公园。园内有巨石像莲花盛开，故名莲花石。

20 世纪 20 年代莲花石公园碑

蓮花石公園碑（背面）

20世纪20年代联峰山明信片

霞飞馆，奥地利建筑设计师罗尔夫·盖苓（Rolf Gailing）设计，朱启钤之子朱海北兴建。木架结构，稻草盖顶，古朴典雅，可供游客宴饮。1924年夏天，北戴河海滨公益会会长朱启钤先生在此宴请张学良将军。

北戴河海濱公園鹿囿 Deer at Public Park. Peitaiho.

鹿囿，在莲花石公园右侧，为北戴河海滨公益会会长朱启钤女儿投资建立。割取的鹿茸卖给北京同仁堂，收益补贴公益会经费，同时也为北戴河海滨增添了一个旅游景点。

北戴河海濱公園鹿囿 DEER PARK. PEITAIHO.

北戴河海濱西聯峯山　VIEW OF WEST END. LOOKING TOWARDS CHANGLI.　PEITAIHO.

韦陀像，为北戴河海滨二十四景之一，位于北戴河西联峰山。山前有一巨石，上有摩崖石刻韦陀像，怀抱降魔杵，头盔有长翎，石刻线条简练，形象传神，相传为唐以前古迹。（1925 年《北戴河海滨志略》）

西联峰山韦陀像

20 世纪 20 年代游客在西联峰山韦陀像前合影

1928 年公益会修复的古墩台

骆驼石，位于西联峰山东北的西山果园内，石高5米，长6米，石背凸起，形似骆驼，卧向西南，引颈望海。

20世纪20年代美国游客在骆驼石

20 世纪 20 年代骆驼石

老虎石，位于中海滩的沙滩上，由几块形态不一的礁石组成，礁石散卧在海岸边，状似群虎，因此得名。

1924 年老虎石景象

1931 年北戴河中海滩浴场

20世纪20年代北戴河中海滩

20世纪30年代中海滩

20 世纪 20 年代老虎石

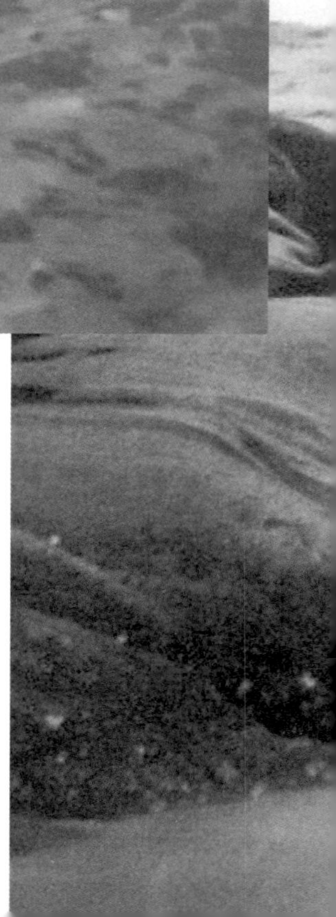

20 世纪 30 年代老虎石

20 世纪 30 年代老虎石浴场

20 世纪 30 年代北戴河中海滩

20世纪30年代中海滩

20 世纪 30 年代北戴河中海滩

20 世纪 30 年代在北戴河海边的游客

20 世纪 30 年代老虎石浴场

（中圖）外國婦人穿了游泳衣走回家去

20 世纪 30 年代中海滩浴场

20 世纪 20 年代戴河

戴河，古称渝水，辽代一直到明清都称为渝河，到清光绪年间因流经戴家山，改为戴家河，民国年间简称戴河。

建于 1893 年的横跨戴河的津榆铁路桥

沙窝，位于北戴河海滨和秦皇岛之间，是由沙丘、沙堤、稀疏草木等构成的沙质海岸自然景观。20 世纪 20 年代，沙子时常把京沈铁路掩埋，阻断交通。新中国成立后，在周恩来总理的关怀指导下，北戴河成立造林局，植树造林，改变了海岸沙丘面貌，形成了秦皇岛海滨森林公园。

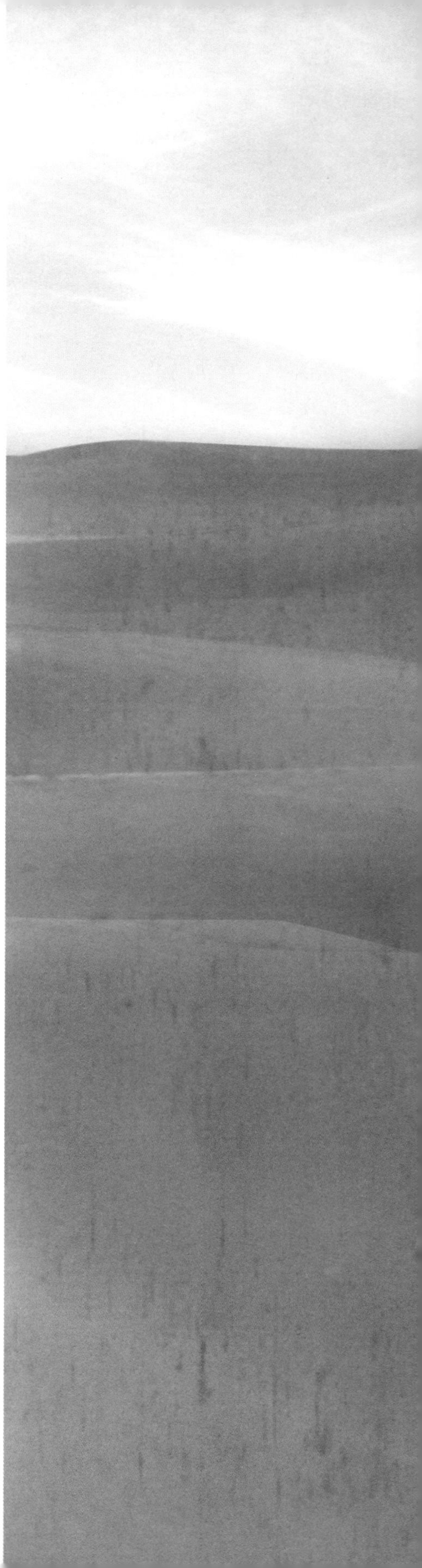

20 世纪 20 年代沙丘风光

观音寺，位于联峰山公园内，始建年代不详，寺内原有乾隆六十年（1795年）重修观音寺碑记。1920年，公益会重修观音寺。

观音寺由山门、正殿、东西配殿组成，山门为歇山顶，正殿及偏殿为硬山顶，建筑面积343平方米。

20世纪40年代北戴河观音寺

▷八月二日北戴河海濱觀音寺舉行之廟會◁ ○道生攝○

▷本年中元節北戴河公益會延清高僧在觀音寺講經時僧侶及會衆合影◁ ○管洛聲君贈○

A group of monks taken with some religious believers at the Kuan Yin Shih, Peitaiho, on the Ghost Day.

北戴河海濱西聯峰山
WEST HIL

如来寺，在西联峰山中峰之麓，乡村八牌公有之会庙也。有乾隆十三年（1748 年）、道光二十六年（1846 年）、同治二年（1863 年）碑记。寺内铁钟，为嘉靖十年（1531 年）八月铸。20 年前庙宇整洁，满山古木葱翠欲滴，山腰石骨之间，皆围圜丈许，或六七尺之古树，枫叶经霜红艳尤为大观。（1925 年《北戴河海滨志略》）

20 世纪 20 年代北戴河如来寺佛像

金山嘴有海神庙，张君缄若录其庙之碑记，最初者明万历四十六年（1618年）赐进士第翰林院庶吉士兵科给事中绍明白谕撰文，又一碑无年代，最近者清光绪三十二年（1906年）生员杨锦安撰文，碑阴详载捐资人名。三碑皆风雨剥蚀，文字泰半摩灭不可读，且率无故实可征引。（1925年《北戴河海滨志略》）

20世纪20年代海神庙

20世纪20年代发行的海神庙铁钟明信片

20世纪20年代金山嘴海神庙住持

20 世纪 20 年代海神庙

海神庙，位于北戴河海滨金山嘴，建于明万历四十六年（1618 年），现已毁，仅存石碑一座。

20 世纪 20 年代土地庙（地址不详）

20 世纪 20 年代，外国游客在乡村小庙前休息（地址不详）

20 世纪初北戴河寺庙（地址不详）

20 世纪 20 年代草厂村

草厂密迩车站，居民不足二百户，共千数百人；刘庄当东山干路之冲，居民四百余户，共三千人以上；草厂刘庄两村皆有市肆，王胡庄当西山干路之冲，居民寥寥数户，共数十人耳；再西曰河东寨，曰陆家庄，皆居民百数十户，各千余人；再西迤南曰南戴河，居民二百余户，计千数百人；陆庄迤北曰丁庄，居民六七十户，计五六百人；在东山刘庄之东者曰单庄，居民百余户，计八百余人；再东曰赤土山，居民不足二百户，计千数百人。德营附近昔有小辛庄，今悉为避暑别业矣。（1925年《北戴河海滨志略》）

1916年刘庄村

20 世纪 20 年代单庄

1901 年小辛庄

每到夏季，在海滨东经路、西经路两侧，西山和北戴河车站一带商贾云集，肩挑负贩踵接于道。到1937年夏，北戴河有银号钱庄、西服店、照相馆、绸缎洋布庄、咖啡馆、中西文书店、旅馆饭店、洗染房、自行车铺等商业店铺40门类，375家。其中刘庄南部、东经路两侧店铺林立，最为繁华，坊间俗称“热闹街”。

1924年北戴河海滨热闹街（刘庄）景象

20 世纪 30 年代北戴河东经路上的门店

北欧河的大街。

20 世纪 30 年代东经路商业街

20 世纪 20 年代东经路吉盛兴杂货铺

20世纪20年代北戴河卖大蒜的小贩

20世纪20年代北戴河村民维修房屋

20世纪20年代北戴河纺麻绳的农民

20世纪20年代北戴河编苇箔的农民

20世纪20年代北戴河卖开水的小贩

20 世纪 20 年代北戴河农民在提水灌溉

20世纪20年代戴河沿岸农民在梯级提水灌溉

20 世纪 20 年代北戴河农民田间劳作

民间农作率皆粗放，其种植物限于旱作之高粱、豆、玉蜀、黍、稷之数种，间有种棉与芝麻、落花生、马铃薯者，以土含砂砾适于滋生，但非有充足之肥料不能丰收。园艺极少，比年以避暑期间之需要，供求外国蔬菜种子输入者亦日多一日，而工资昂贵，迄无大规模之事园艺者。惟东联峰山麓有贾泽民氏之蔬菜园，其种植物之大宗者曰草莓，果实成熟恰好避暑时期。近年区域以内之田亩，大半售供中外人士卜筑之用，益复无肯尽力畎亩以言农艺者矣。（1925 年《北戴河海滨志略》）

20 世纪 20 年代北戴河农民犁田

20 世纪 20 年代北戴河农民耕田

20 世纪 20 年代北戴河农民翻晒高粱

20 世纪 20 年代北戴河农民打场

20 世纪 20 年代北戴河农民打场

20 世纪 20 年代北戴河小牛

20 世纪 20 年代北戴河农民运输农作物

20 世纪 20 年代北戴河马车运输

20 世纪 20 年代北戴河农民搬运高粱叶

20 世纪 20 年代北戴河农民扬场

自戴河至鸽子窝沿海诸村，居民悉以捕鱼为专业。船舶供渔用者约百二十余艘。前清之制，渔户有龙票。入民国则渔业局给旗照，捕鱼方法不一，晓日晨曦中，海上帆影星星点点，罗布远近，皆渔舟也。（1925年《北戴河海滨志略》）

20 世纪初北戴河海滨渔民

20 世纪初北戴河海滨渔民修网

20 世纪 20 年代北戴河金山嘴海湾

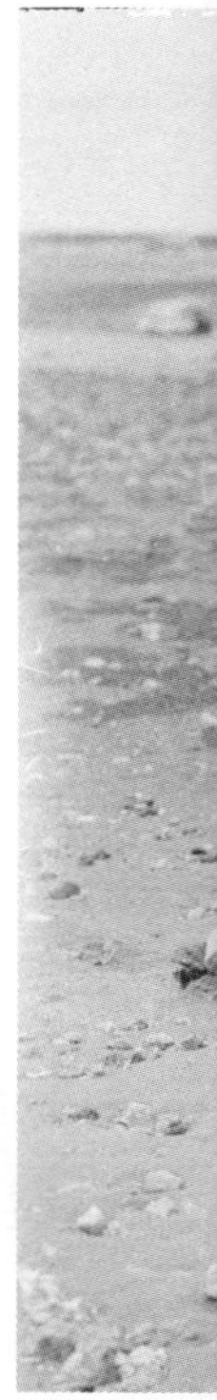

20世纪20年代北戴河海边船锚

20世纪20年代北戴河渔船

20世纪20年代北戴河渔民拉大网

20 世纪 20 年代北戴河农民打坯

20 世纪 20 年代北戴河农民制砖

20 世纪 20 年代北戴河拉磨场景

20 世纪 20 年代戴河船运

20 世纪 20 年代北戴河铁匠铺

20 世纪 20 年代北戴河挑售柳编

20 世纪 20 年代北戴河挑售柳编

每年夏季，各地来北戴河的演艺人士，就地摆摊设点，进行演出，吸引游客观看。

20 世纪初北戴河的杂技

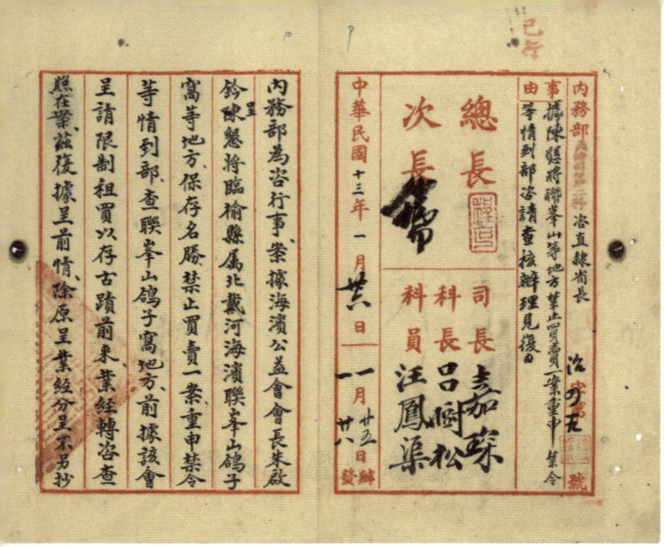
内務部為咨行事案據海濱公益會會長朱啟
鈐呈陳懇將臨榆縣屬北戴河海濱聯峯山鴿子
窩等地方、保存名勝禁止買賣一案重申禁令
等情到部、查聯峯山鴿子窩地方、前據該會
呈請限制租買以存古蹟前來業經轉咨查
照在案、茲復據呈前情、除原呈業經分呈不另抄

内務部 咨直隸省長
事由 據陳懇將聯峯山等地方禁止買賣一案重申禁令等情到部咨請查核辦理見復由
總長
次長
司長
科長
科員
中華民國十三年一月廿六日

公益会呈请将联峰山、鸽子窝等地方保存名胜禁止买卖函

社会组织

北戴河海滨是近代中国唯一为方便西人避暑而由政府开放、准予华洋杂处的避暑地。1898 年，清政府正式宣布北戴河海滨为避暑区时，并没有在海滨地区设立统一管理机构。英国传教士柏力温，美国人白雅歌、东勃力等人自行组建了外侨自治团体“石岭会”。石岭会是由居住在北戴河海滨中心区横石岭一带（横石岭指现在安二路至高处）的各教会中的首脑人物倡导成立的。当时在北戴河的外国教会组织已有美以美会、长老会、灵修会、内地会、基督教会、伦敦会及俄国东正教会等。“石岭会”负责在其区域内建房筑路，设置电厂，管理海滨浴场，检查环境卫生等事务，并公然按户征收地捐，插手中国人之事务，“几有喧宾夺主之势”。

北戴河自 1917 年海滨支线开通后，中外避暑人士骤增。在此之前，北戴河海滨已有房屋 259 所，其中九成属于外国人所有。其时恰逢第一次世界大战期间，中国对德宣战，德侨被迫离开中国，纷纷出售避暑地房产。北洋政府政要与京津富商、买办适时大加购买，北戴河海滨的华人避暑者逐渐小有规模。在华人聚居的西山区域，道路桥梁、绿化卫生等公共事业非常简陋，与“石岭会”所辖区域相比，相形见绌。华人避暑者既感佩于西人自治组织的优良，又痛惜国家主权旁落。“我不自治，他人即将代治”，有鉴于此，1918 年 7 月，朱启钤号召在海滨避暑的中国人士创办地方自治机构。经过一年筹备，1919 年 6 月 16 日，朱启钤联合段芝贵、周学熙等16人向北洋政府内务部和直隶省呈文，要求组织北戴河海滨自治公益会，并呈拟具体章程。7月21日，章程经北洋政府内务部批准。8月10日，北戴河海滨自治公益会召开成立暨第一次会员大会。会议公推朱启钤为北戴河海滨自治公益会会长。

公益会成立后，独立行使行政职权，管理北戴河海滨，代表了部分爱国志士自主自强的心愿，限制了石岭会等外国组织向西山一带扩张，标志着北戴河海滨的开发建设自此有了统一的管理和规划。

公益会在朱启钤的领导下，争取各方面支持，在公共设施建设、医疗教育、风景区建设与管理、文物古迹保护等诸多方面进行了卓有成效的工作，“海滨顿改旧观，粗具市政规模”。1932年，河北省主席于学忠在公益会改组之前最后一次董事会上称赞道：“中国地方为外国人所称道者，北戴河海滨首屈一指。”而早在1924年，外国人办的邮报就已赞扬公益会“年来成绩斐然，在远东罕有其匹”，开创了北戴河海滨旅游业的新局面，使北戴河海滨成为中国当时最为著名的避暑旅游胜地。展现这段历史的“莲花石公园记”就镌刻在联峰山公园内的石碑上，至今仍矗立在园内的莲花石旁。

公益会对北戴河统一规划，修路建桥；兴建苗圃，绿化造林；开辟公园，保护名胜古迹；建立事务所，开辟公共浴场；设立医院，资助教育；规划市政，健全管理，为发展地方、维护国家主权与积极开发、创立自制模范方面做出了不朽的贡献。其开发建设北戴河海滨的作用和功效，不仅得到了当时中外人士的公认和赞许，而且泽被后世。

最初涉足北戴河海滨的外国群体是外国传教士和筑路工程师。传教士主要来自于英国、美国、德国、法国、俄国等国家，分属于美以美会、长老会、灵修会、内地会、基督教会、圣公会、伦敦会以及俄国东正教会等各个不同的教会。随着外籍人士的增多，居住在北戴河海滨教会中的首脑人物，于 1898 年成立了他们的自治团体“石岭会”。

石岭会对辖区内的建筑、海滩、公路、道路、树木、卫生的管理做出了详细的规定，如“房屋建筑不妨害邻舍之面海风景”，不许开办酒馆、工厂、牛棚，即便是旅店、客房、商店，也需经过同意。在区域内修建了道路，设立了路灯，办发电厂，设救生船、药房，办事处负责传递报刊等事。

公益会成立后，石岭会受到遏制，只处理会内会员的一些卫生、公墓等房地产事宜。

建于清光绪二十四年（1898 年）的北戴河基督教公共聚会厅

建于清光绪二十四年（1898 年）的北戴河基督教公共聚会厅

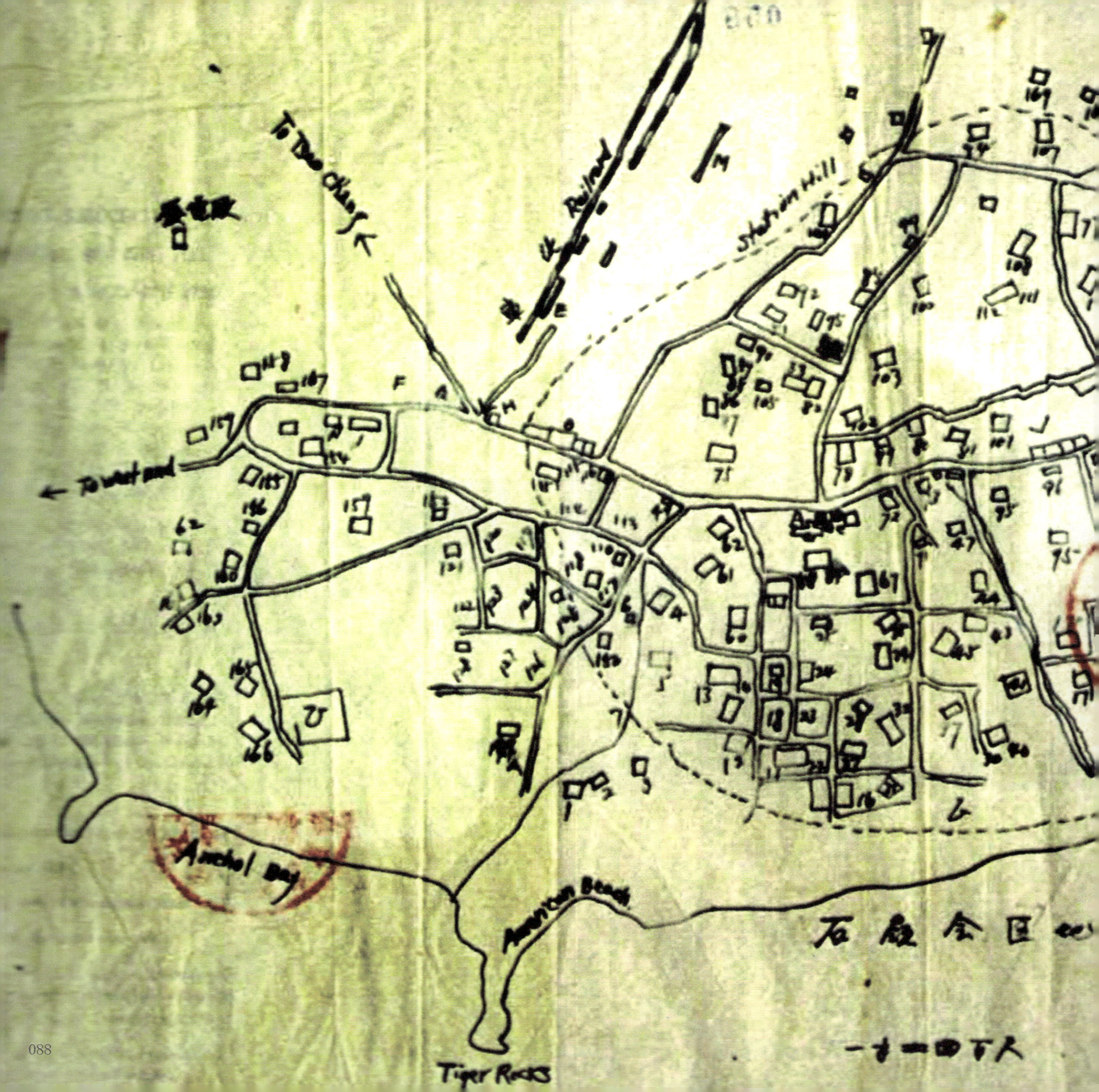

To Dao Chang
Railroad
Station Hill
To West end
Anchor Bay
American Beach
Tiger Rocks

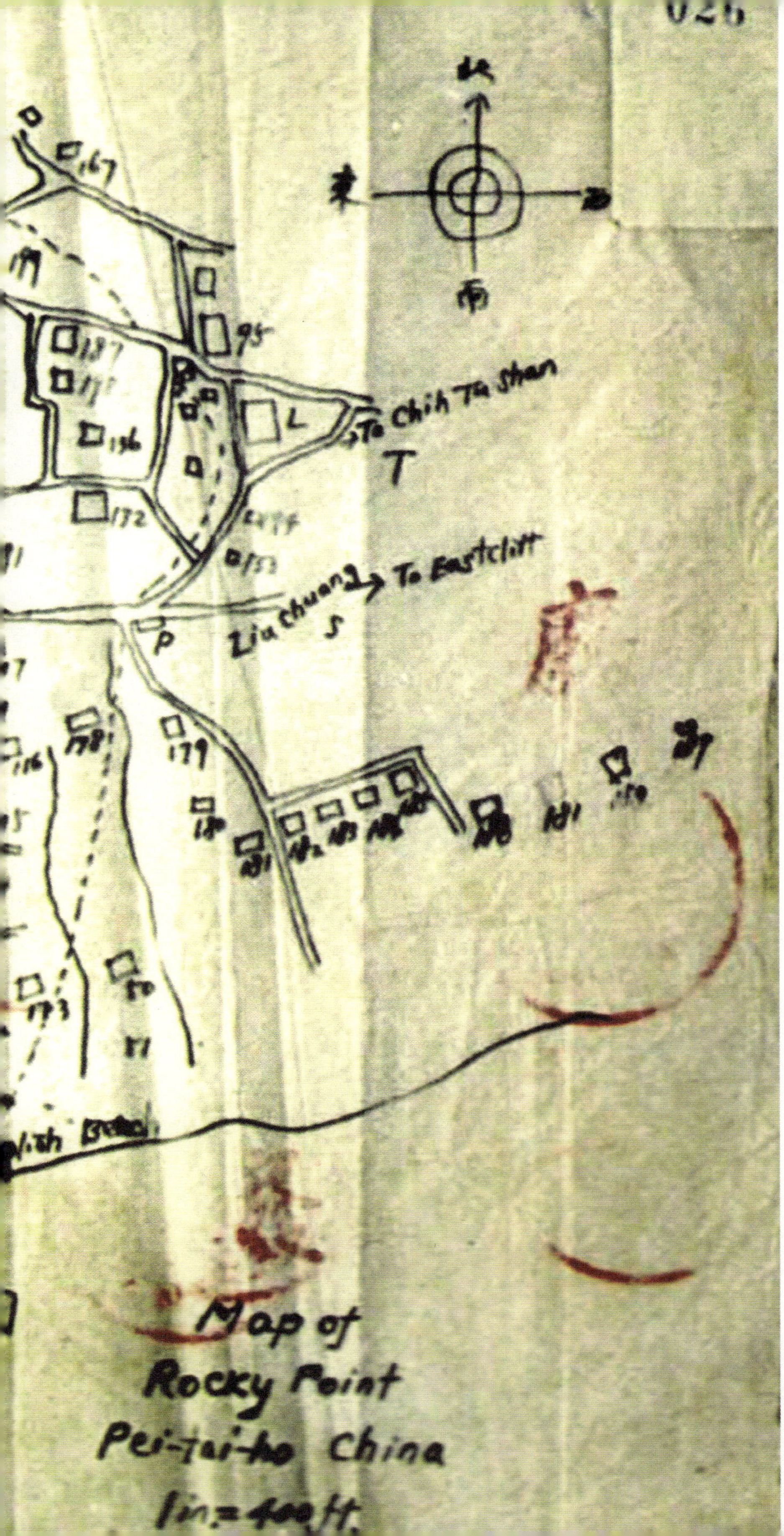

1939年石岭会绘制的地图

位于保二路的石岭会界碑

1924 年外国传教士及家人在北戴河海滨合影

1924 年石岭会组织的北戴河外国儿童夏令营

20 世纪 20 年代基督教青年会会员在北戴河海滨合影

华文学校，创办于1910年，是由北京的美以美会、美国长老会、英国圣公会等教会组织与英美公使馆、华北美国协会、美国商会等联合创办的。华文学校主要是为来华的外国人研习汉语而设，除教授汉语外，同时也附带开设中国历史、政治、经济等课程。学生主体为外国传教士、领事官员、陆海军官员以及美孚石油公司、英美烟草公司和其他外国商行的年轻雇员。

北戴河华文学校是北京华文学校的分支机构，主要是利用夏季外国人士集中于北戴河海滨时，对外国传教士、在华外国人士及其子女进行汉语培训，类似于夏令营的培训基地。

20世纪20年代北戴河华文学校学生宿舍

20世纪20年代美国小朋友在北戴河

基督教会非常重视青少年的教育培养，北戴河海滨曾多次举办夏令营活动。20 世纪初，基督教夏令营主要是外国少年参加，他们的父母都在中国生活，家长非常重视个人信仰与情操的养成，培养对西方文化的认同，延续传统。

1925 年石岭会组织的夏令营活动

20 世纪 20 年代金山嘴东正教堂

20 世纪 20 年代金山嘴东正教堂

俄罗斯东正教传入北戴河的具体时间不详，据《北洋画报》1931年记载：“海滨最近调查，来避暑者，约三千七百人。俄籍占三分之二，欧美各国及华人占三分之一，俄人大都系兼营副业者，遍处皆有。”他们除避暑之外还兼营其他副业，开饭店、药店、牛奶房、皮货行。为适应俄国人的宗教信仰，1898年，俄国东正教北京传教士团大祭司英诺肯提乙·费古洛夫斯基（Иннокентий Фигуровский）在金山嘴购置土地，建立避暑行馆，附设教堂。此后，英诺肯提乙及北京、天津东正教传教士团成员几乎每年都来北戴河避暑。金山嘴东正教教堂在1900年义和团运动时被焚毁，1901年东正教传教士团利用“庚子赔款”中分得的损失补偿费，重建了金山嘴东正会教堂，1902年将其圣化为主显圣容教堂，同时为30名中国人施洗。

20世纪20年代金山嘴东正教堂钟楼

1919 年北戴河海滨公益会成立时在巴贝楼前留影纪念

1918 年 7 月，朱启钤开始号召在海滨避暑的中国知名人士创办“地方自治公益会”，以“争主权，攘外人”。1919 年 6 月，朱启钤联合段芝贵、周学熙、梁士诒、吴鼎昌等 16 人向内务部和直隶省呈文，要求成立北戴河海滨公益会。8 月 10 日，公益会成立。公益会以办理地方公益事业为宗旨，经过十几年的管理和开发建设，北戴河海滨避暑地初具规模。

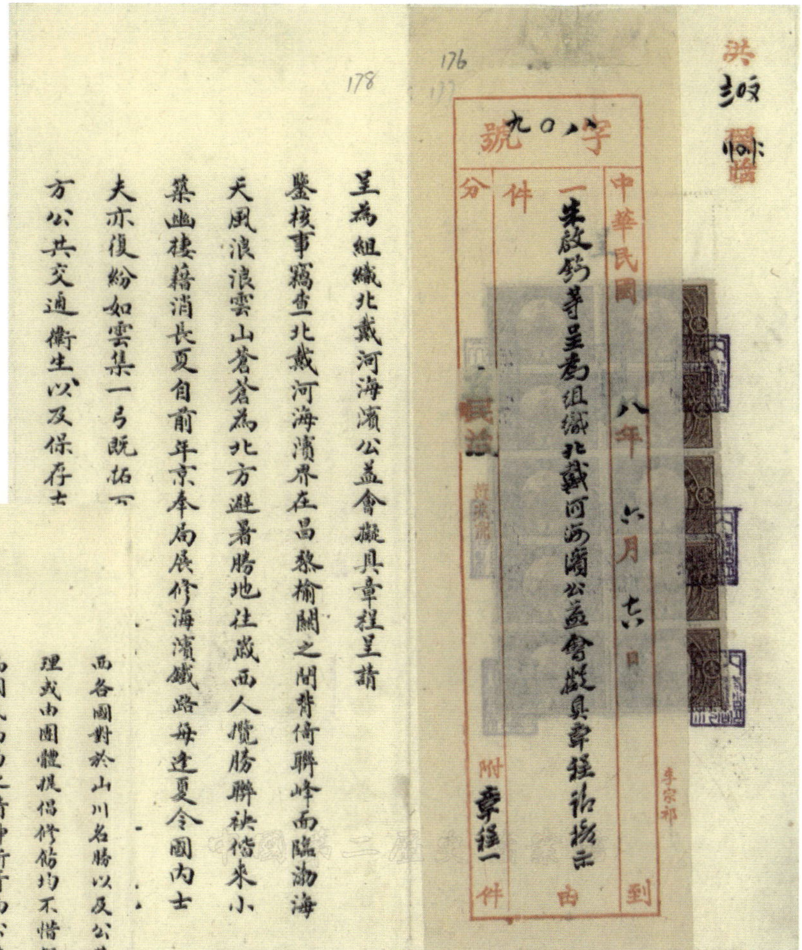

中華民國八年六月廿六日到

字九〇八號

一件 朱啟鈐等呈為組織北戴河海濱公益會擬具章程請核示由

附件 章程一

呈為組織北戴河海濱公益會擬具章程呈請
鑒核事竊查北戴河海濱界在昌黎榆關之間背倚聯峰面臨渤海
天風浪浪雲山蒼蒼為北方避暑勝地往歲西人攬勝聯袂偕來小
築幽棲藉消長夏自前年京奉局展修海濱鐵路每逢夏令國內士
大夫亦復紛如雲集一弓既拓
方公共交通衛生以及保存古

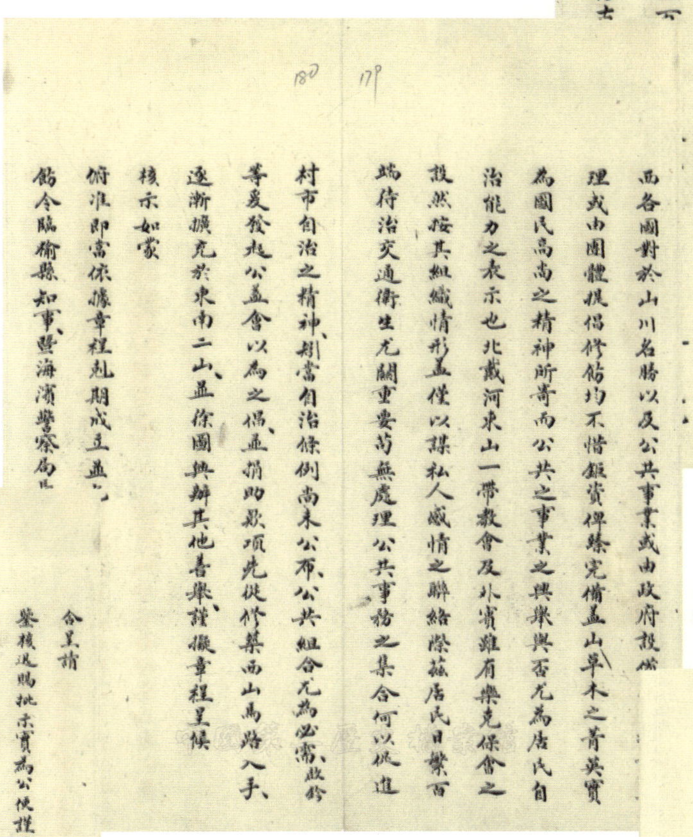

西各國對於山川名勝以及公共事業或由政府設
理或由團體提倡修飭均不惜鉅資俾臻完備蓋山川草木之菁英實
為國民高尚之精神所寄而公共之事業之興舉與否尤為居民自
治能力之表示也北戴河東山一帶教會及外賓雖有樂克保會之
設然按其組織情形蓋僅以謀私人感情之聯絡際茲居民日繁百
端待治交通衛生尤關重要苟無處理公共事務之集合何以收進
村市自治之精神、刻當自治條例尚未公布、公共組合尤為必需、啟鈐
等爰發起公益會以為之倡、並捐助款項先從修築西山馬路入手、
逐漸擴充於東南二山、並保園興辦其他善舉、謹擬章程呈候
核示如蒙
俯准即當依據章程剋期成立並
飭令臨榆縣知事暨海濱警察局

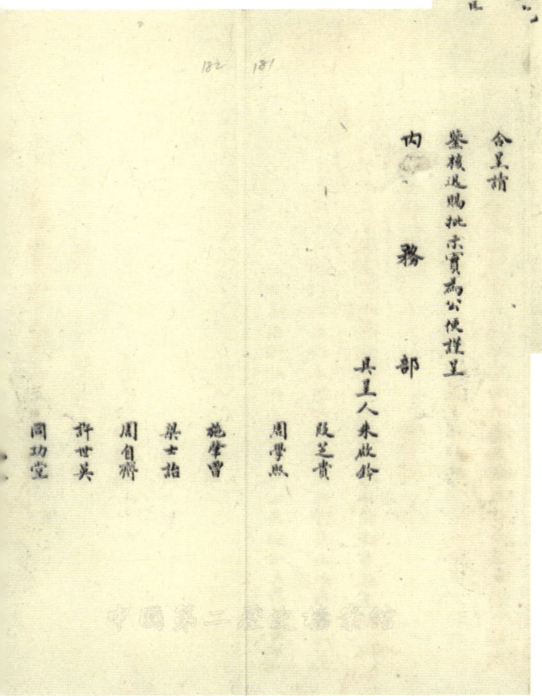

合呈請
鑒核迅賜批示實為公便謹呈
內務部
具呈人朱啟鈐
段芝貴
周學熙
施肇曾
梁士詒
周自齊
許世英
周功堂

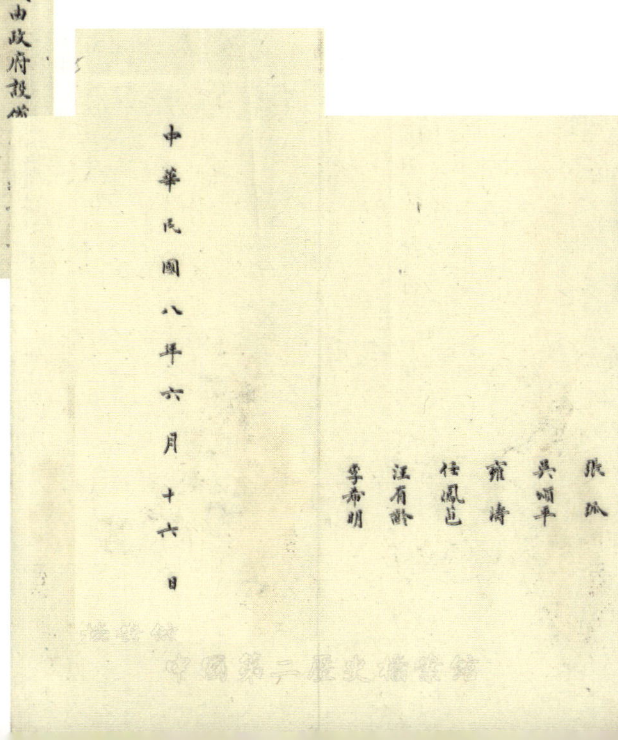

中華民國八年六月十六日

張弧
吳鼎平
龐濤
任鳳苞
汪有齡
李希明

1919年8月6日朱启钤向直隶省呈请建立北戴河海滨公益会的呈文

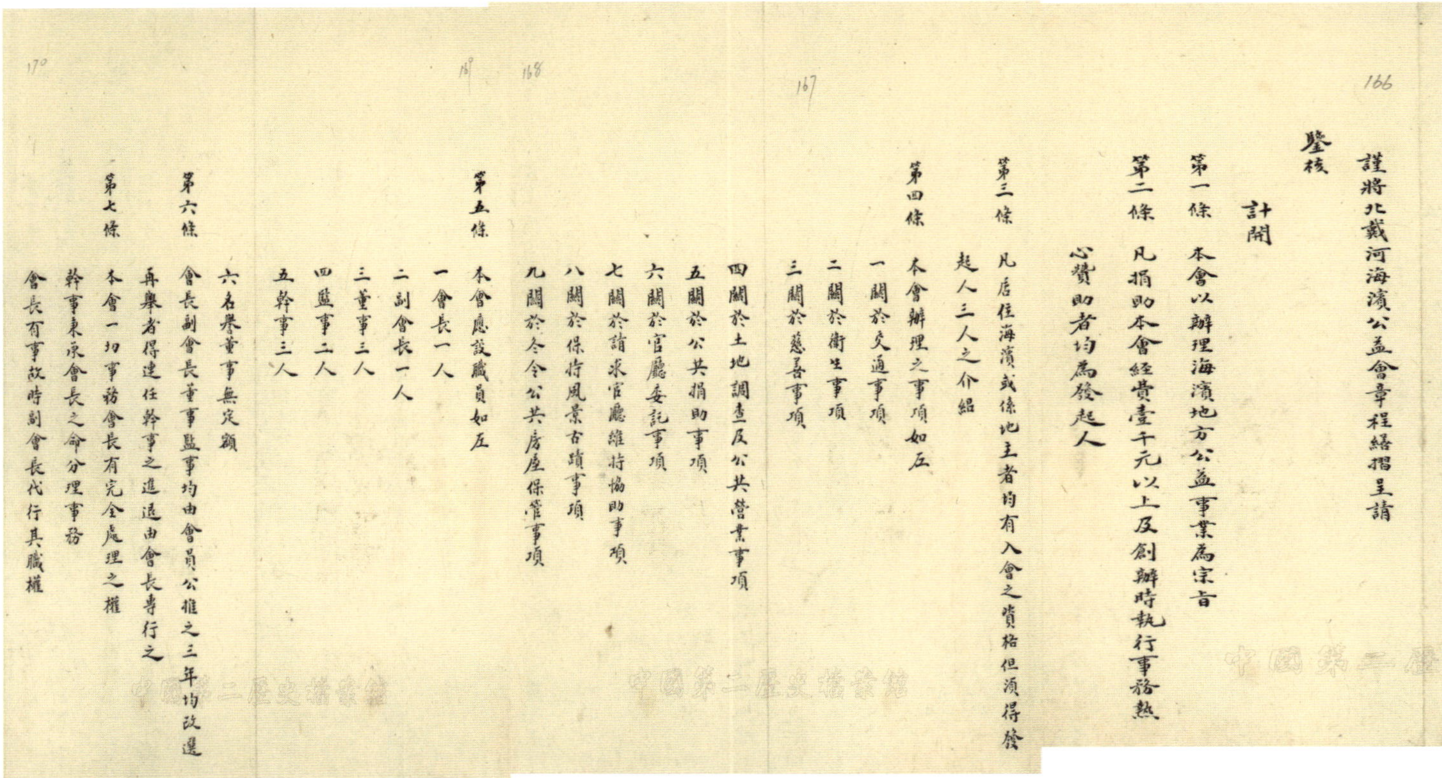

謹將北戴河海濱公益會章程繕摺呈請

鑒核

計開

第一條　本會以辦理海濱地方公益事業為宗旨

第二條　凡捐助本會經費壹千元以上及創辦時執行事務熱心贊助者均為發起人

第三條　凡居住海濱或係地主者均有入會之資格但須得發起人三人之介紹

第四條　本會辦理之事項如左

一關於交通事項

二關於衛生事項

三關於慈善事項

四關於土地調查及公共營業事項

五關於公共捐助事項

六關於官廳委託事項

七關於請求官廳維持協助事項

八關於保持風景古蹟事項

九關於冬令公共房屋保管事項

第五條　本會應設職員如左

一會長一人

二副會長一人

三董事三人

四監事二人

五幹事三人

六名譽董事無定額

第六條　會長副會長董事監事均由會員公推之三年均改選再舉者得連任幹事之進退由會長專行之

第七條　本會一切事務會長有完全處理之權幹事秉承會長之命分理事務

會長有事故時副會長代行其職權

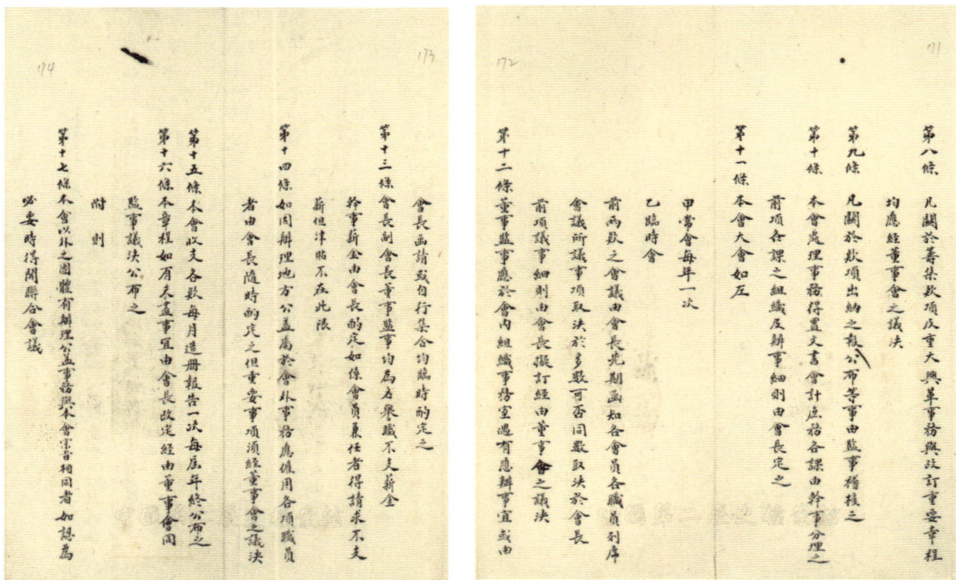

第八條　凡關於籌集款項及重大興革事務與改訂重要章程均應經董事會之議決

第九條　凡關於款項出納之數公布等事由監事稽核之

第十條　本會處理事務得置文書會計庶務各課由幹事分理之

前項各課之組織及辦事細則由會長定之

第十一條　本會大會如左

甲常會每年一次

乙臨時會

前兩款之會議由會長先期函知各會員各職員列席

會議所議事項取決於多數可否同數取決於會長

前項議事細則由會長擬訂經由董事會之議決

第十二條　董事監事應於會內組織事務室遇有應辦事宜或由會長函請或自行集合均臨時酌定之

第十三條　會長副會長董事監事均為名譽職不支薪金

幹事薪金由會長酌定如係會員兼任者得請求不支薪但津貼不在此限

第十四條　如因辦理地方公益為於會外事務應僱用各項職員者由會長隨時酌定之但重要事項須經董事會之議決

第十五條　本會收支各款每月造冊報告一次每屆年終公布之

第十六條　本章程如有未盡事宜由會長改定經由董事會同監事議決公布之

附則

第十七條　本會以外之團體有辦理公益事務與本會宗旨相同者如認為必要時得聯合會議

呈文附件《北戴河海滨公益会章程》

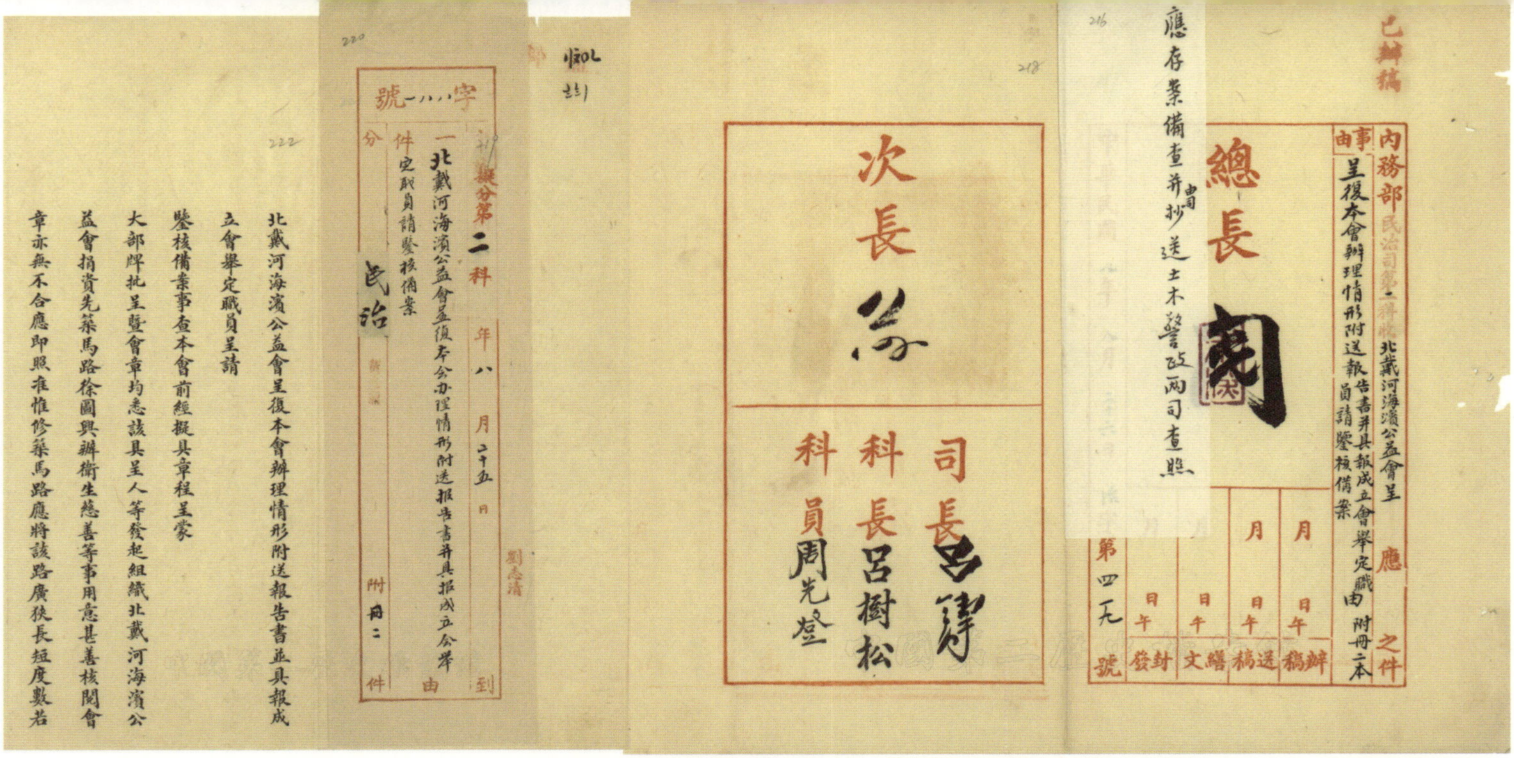

內務部民治司第二科收
事由：北戴河海濱公益會呈復本會辦理情形附送報告書并具報成立會舉定職員請鑒核備案
總長
次長
司長
科長 呂樹松
科員 周光瑩
應存案備查并抄送土木警政兩司查照

擬分第二科
北戴河海濱公益會呈復本會辦理情形附送報告書并具報成立會舉定職員請鑒核備案
民治

北戴河海濱公益會呈復本會辦理情形附送報告書並具報成立會舉定職員呈請
鑒核備案事查本會前經擬具章程呈蒙
大部俾批呈暨會章均悉該具呈人等發起組織北戴河海濱公益會捐資先築馬路除關于辦衛生慈善等事用意甚善核閱會章亦無不合應即照准惟修築馬路應將該路廣狹長短度數若

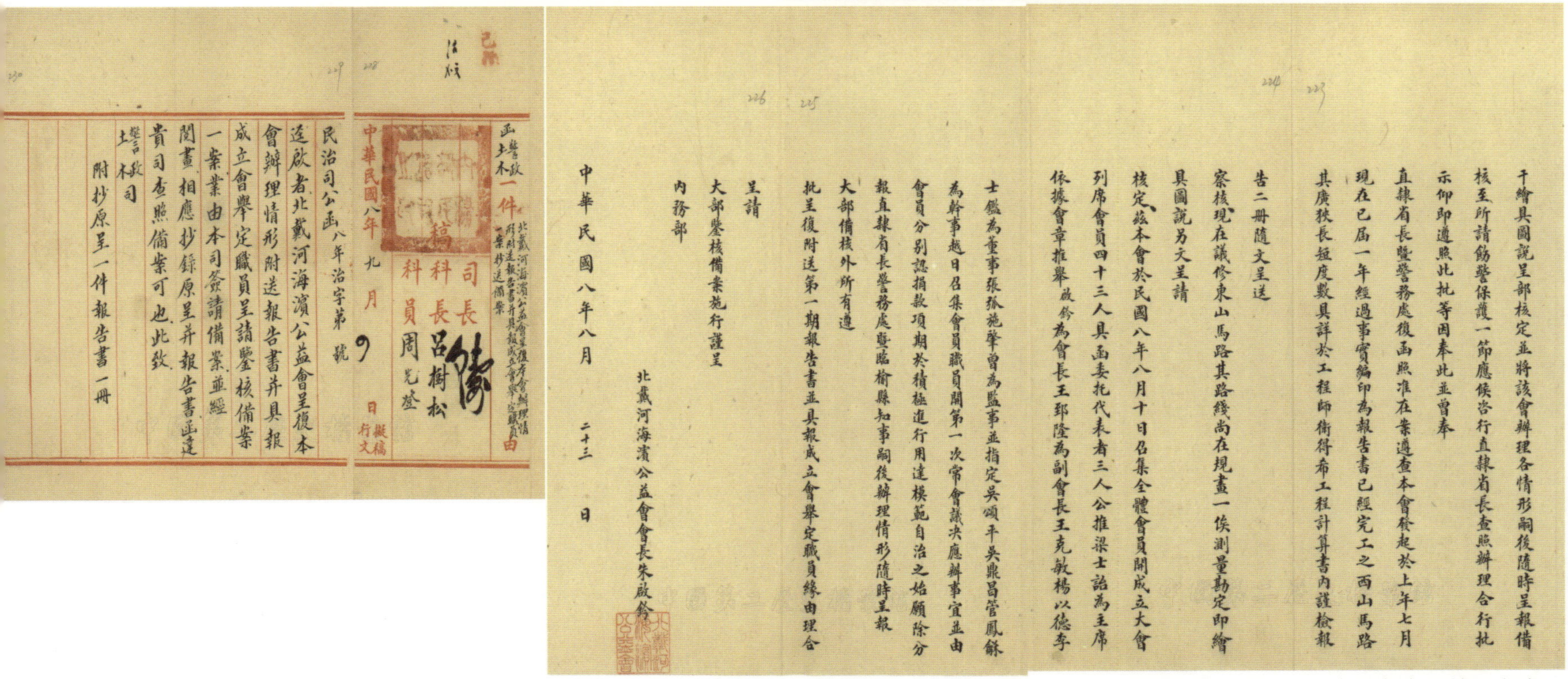

干繪具圖說呈部核定並將該會辦理各情形嗣後隨時呈報備核至所請飭警保護一節應俟咨行直隸省長查照辦理合行批示仰即遵照此批等因奉此並曾奉
直隸省長暨警務處復函照准在案適查本會發起於上年七月現在已屆一年經過事實編印為報告書已經完工之西山馬路其廣狹長短度數具詳於工程師衛得布工程計算書內謹檢報告二冊隨文呈送
察核現在議修東山馬路其路綫尚在規畫一俟測量勘定即繪具圖說另文呈請
核定茲本會於民國八年八月十日召集全體會員開成立大會列席會員四十三人具函委托代表者三人公推梁士詒為主席依據會章推舉啟鈐為會長王郅隆為副會長王克敏楊以德李士鉁為董事張弧施肇曾為監事並指定吳頌平吳鼎昌管鳳龢為幹事越日召集會員職員開第一次常會議決應辦事宜並由會員分別認捐款項期於積極進行用達模範自治之始願除分報直隸省長警務處暨臨榆縣知事嗣後辦理情形隨時呈報
大部備核外所有遵
批呈復附送第一期報告書並具報成立會舉定職員緣由理合呈請
大部鑒核備案施行謹呈
內務部

北戴河海濱公益會會長朱啟鈐

中華民國八年八月二十三日

函土木警政一件
司長
科長 呂樹松
科員 周光瑩
中華民國八年九月 日

民治司公函八年治字第 號
逕啟者北戴河海濱公益會呈復本會辦理情形附送報告書并具報成立會舉定職員呈請鑒核備案一案業由本司簽請備案並經閱畫相應抄錄原呈并報告書函達
貴司查照備案可也此致
土木司
警政司
附抄原呈一件報告書一冊

1919年8月23日公益会呈复办理情形备案函

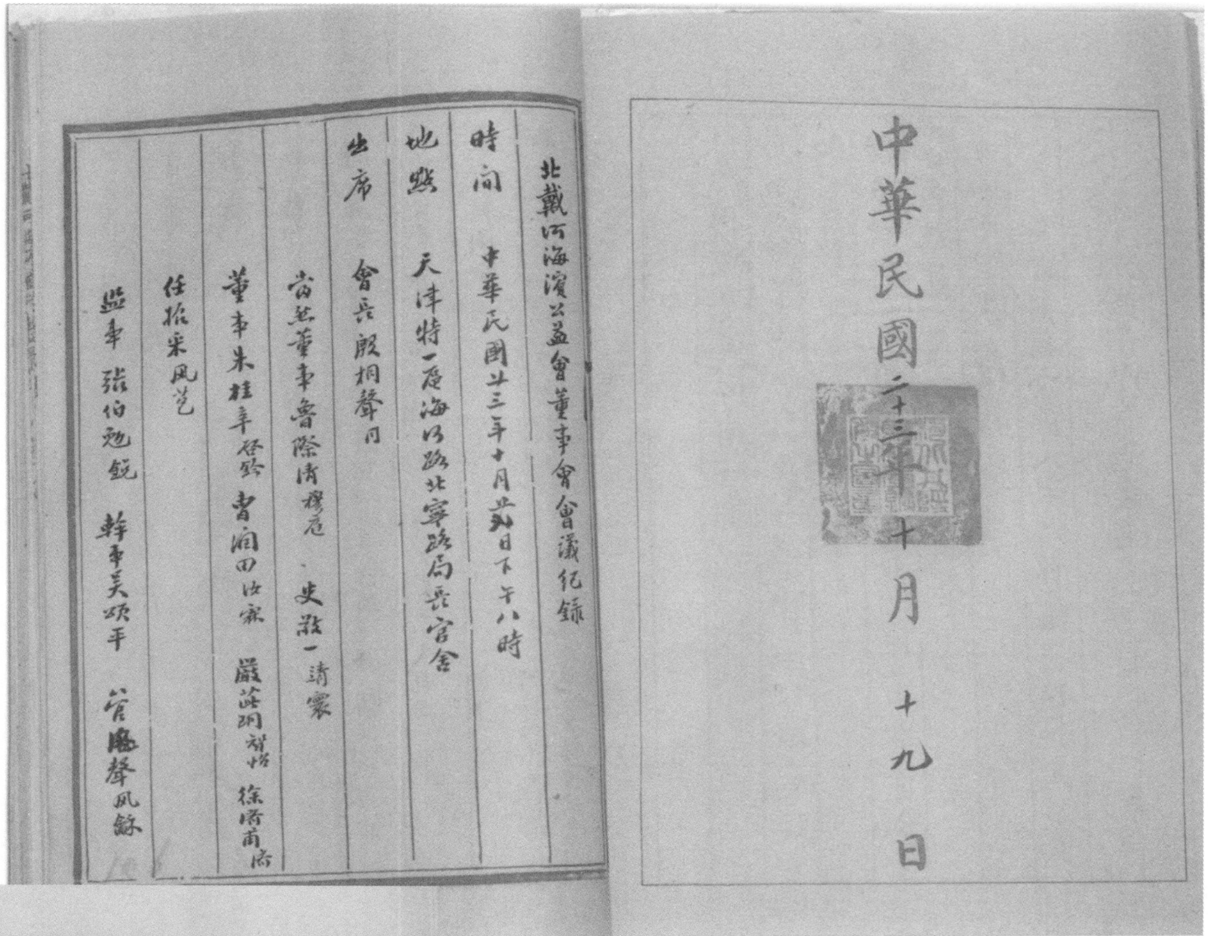

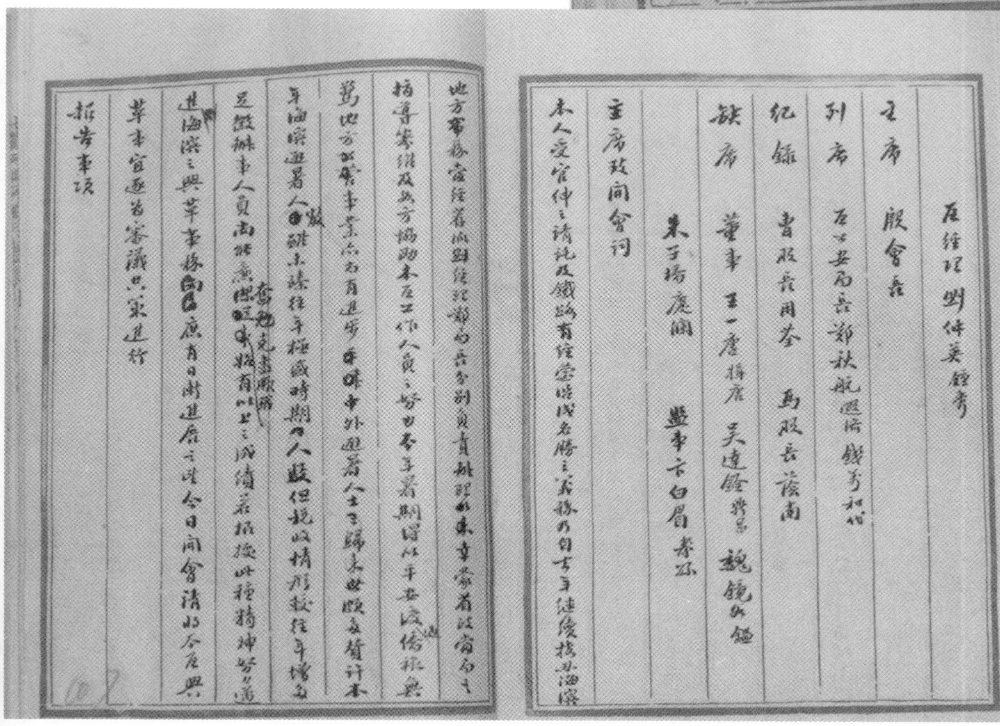

1934 年公益会董事会会议记录

朱启钤，字桂辛，号蠖公，贵州开州人。1912—1916 年先后任北洋政府交通总长、内务总长、代国务总理。1919 年任南北和谈北方总代表，1930 年组织中国营造学社，从事古建筑研究。中华人民和国成立后，任全国政协委员、中央文史馆馆员。

朱啓鈐氏居藏提倡平民裝束

The Ex-minister Chu Chi-Chien in popular dress.

1931 年朱启钤在观音寺

北戴河海滨公益会主要成员是民国的军政要人、巨商富贾，有着深厚的社会文化背景。公益会的建设目标是将北戴河建设成为“北方之模范自治区”，像瑞士那样的世界性公园。公益会对北戴河的开发与建设做了大量工作，经过“缕缕心血，惨淡经营”，北戴河海滨“昔之渔户荒村变为华北胜境”，在市政建设方面已具备旅游避暑地的功能，为北戴河日后发展奠定了坚实的基础。

現任會長朱慶瀾君(右)董事長管鳳龢君(左)。天津同生照相館譚林北自北戴河攝寄。

1930 年在北戴河海滨避暑的朱氏名媛：朱启钤四女儿朱津筠（坐）、五女儿朱湄筠（站）、六女儿朱洛筠（上）

◁公益會創辦人朱啓鈐氏在觀音寺讀經之影▷

The Ex-minister Chu Chi-Chien studies the Buddhist Sutra at Kuan-Yin Shih, Peitaiho.

◁朱氏名媛及友人在北戴河海濱合影▷

A group of distinguished la lies at the Peitaiho Beach.

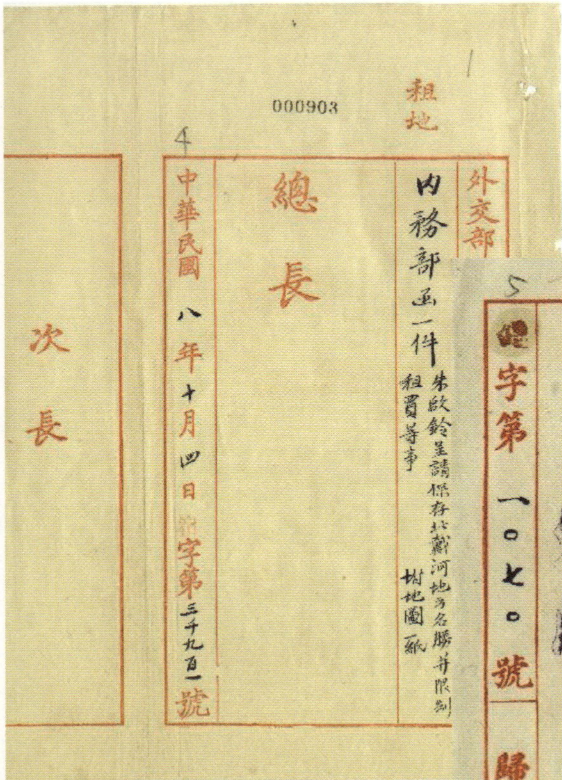

1919年朱启钤呈请保存北戴河地方名胜并限制租买等事宜卷宗封面

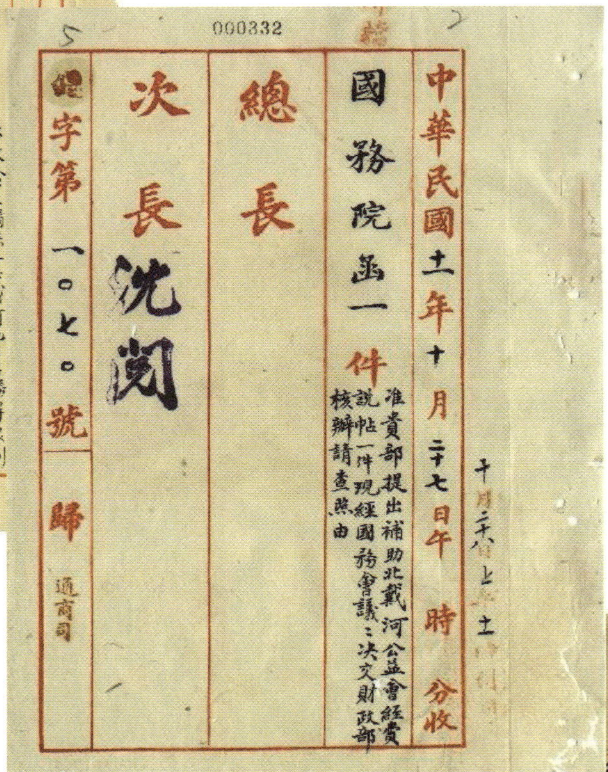

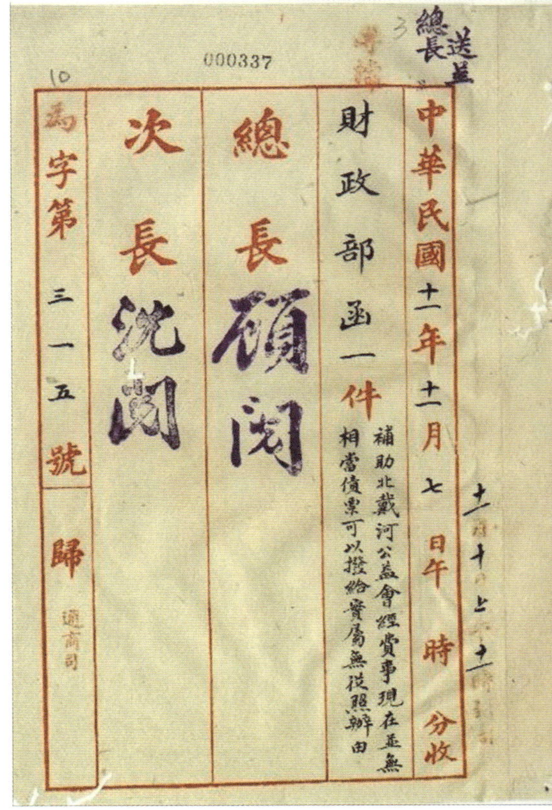

1922年10月中华民国国务院“准贵部提出补助北戴河公益会经费说帖一件现经国务会议议决交财政部核办请查照由”档案

公益会筹建之初，北戴河海滨百业待兴，开发建设主要靠会员捐助、北宁铁路补助、地方少量税收等维持与发展，公益会成员的捐款成为开发建设资金的大宗来源。

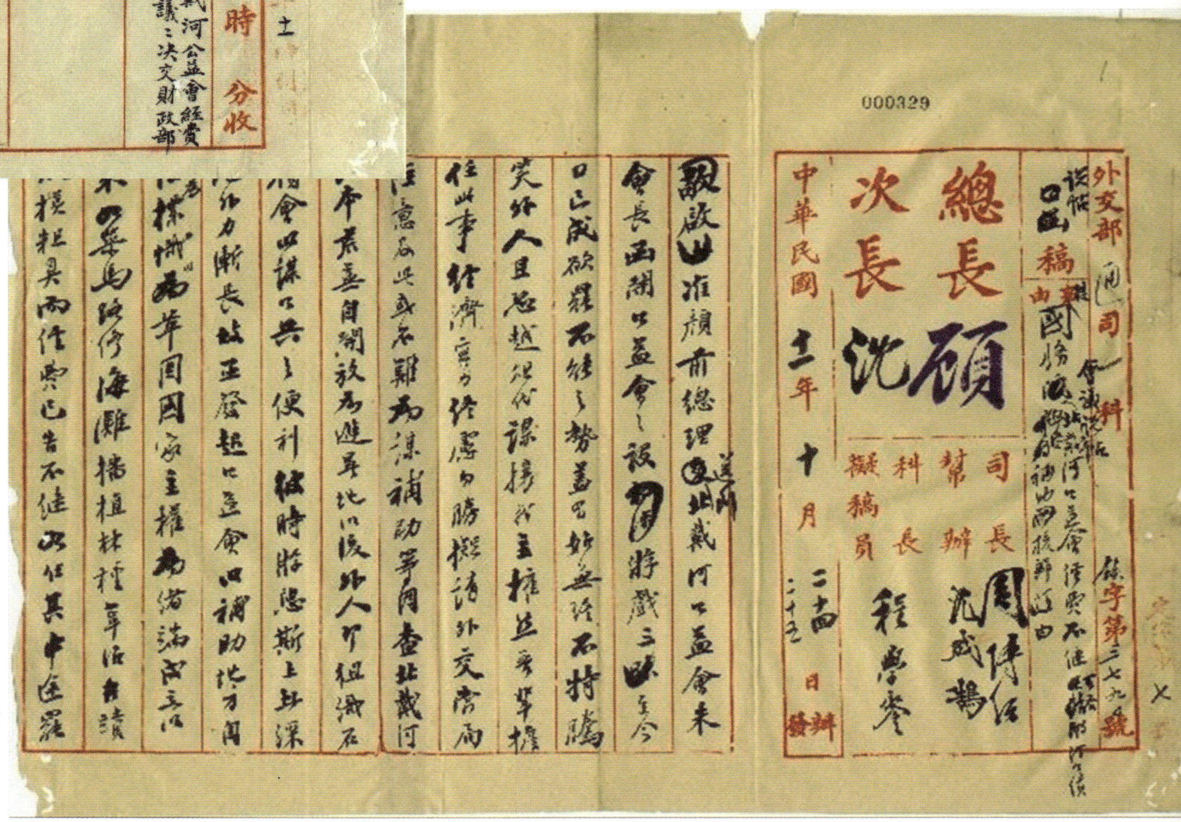

1922年10月中华民国外交部“为北戴河公益会经费不继可否酌给公债俾资补助由”说帖

1924 年公益会组织修建的北戴河西山道路

北戴河海濱水上救生警察

北戴河海濱水上救生警察

北戴河海濱水上救生警察

公益会每年夏天从天津聘请的水上警察

公益会成立后，以办理海滨地方公益事业为己任，建立海滨公益会事务所，代行地方政府权力，管理地方事务。公益会负责海滨的地方公益事业以及市政管理、建筑规划、税务收支、开发建设等事宜。公益会对海滨的开发与建设做了大量卓有成效的工作，“海滨顿改旧观，粗具市政规模者，是皆公益会诸先进缕缕心血，惨淡经营之力也”。北戴河海滨“昔之渔户荒村，今已变为华北胜境”。

北戴河海濱公益會事務所

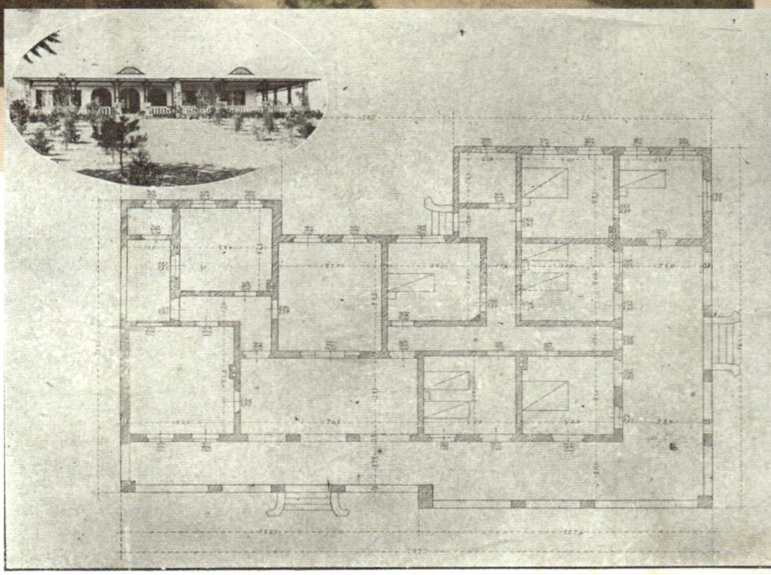

公益會事務所建築圖

20世纪20年代中海滩路

公益会对北戴河海滨进行了避暑地规划，14年间公益会开辟修建了西经路、东经路、西海滩路、公园路、金山嘴路、鹰角路等30余条干、支路，共计22.4千米，修筑附属桥梁涵洞160余座。

20 世纪 20 年代东经路

20 世纪 20 年代东经路

東山幹路修築圖

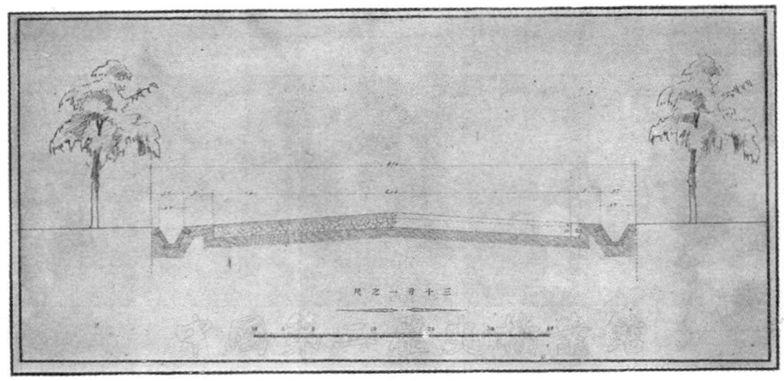

東山幹路修築圖

東山支路修築圖

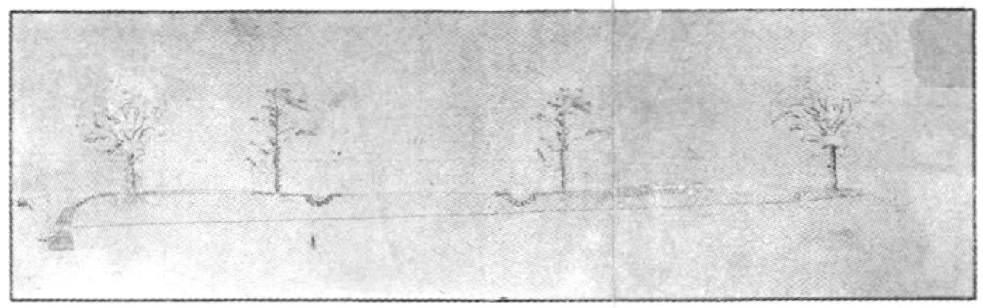

海灘路修築圖

道路宽约 10 米，中间用白色石块隔离，一半为人行道，一半为车辆及驴脚所用。

公益会成立初始，即将绿化造林作为重要工作，兴建了苗圃，育种树苗，引进名贵苗木，在道路两侧及荒山种植，改变了原来的荒山面貌，还支援了北京、天津的绿化建设。

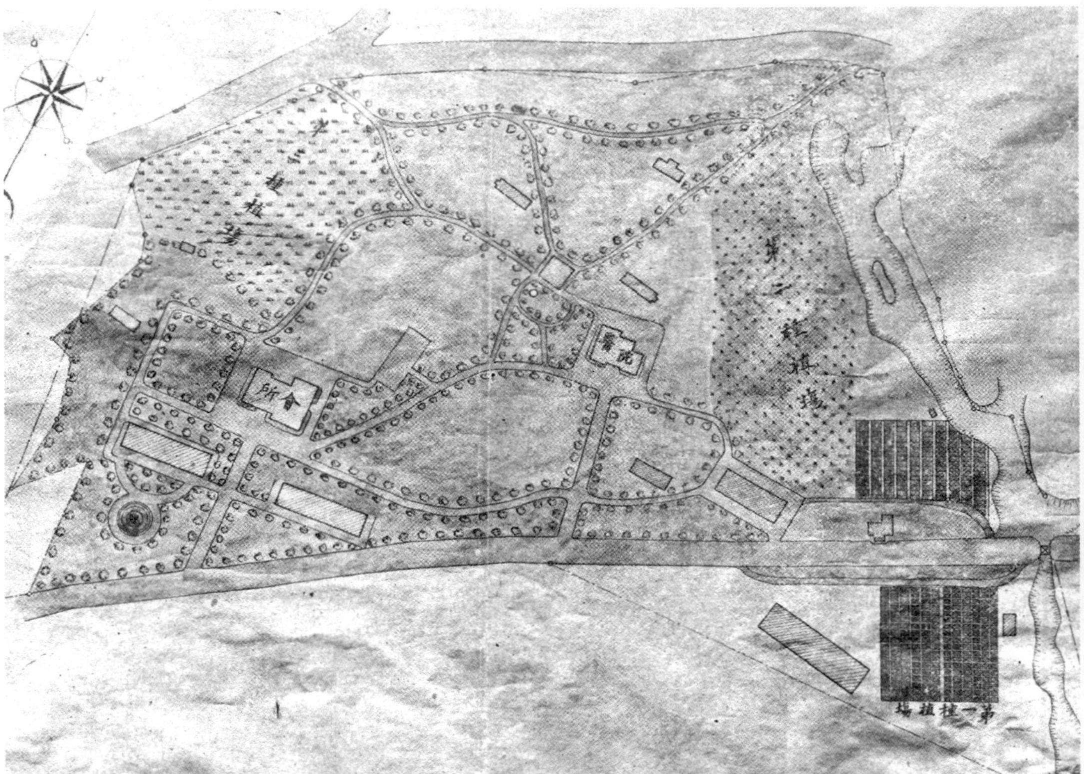

20世纪20年代公益会苗圃分布图

为解决当地群众看病难、医疗条件落后问题，公益会修建了“莲峰医院”，后引进北京中央医院先进设施和医生、护士，服务海滨居民和游客。

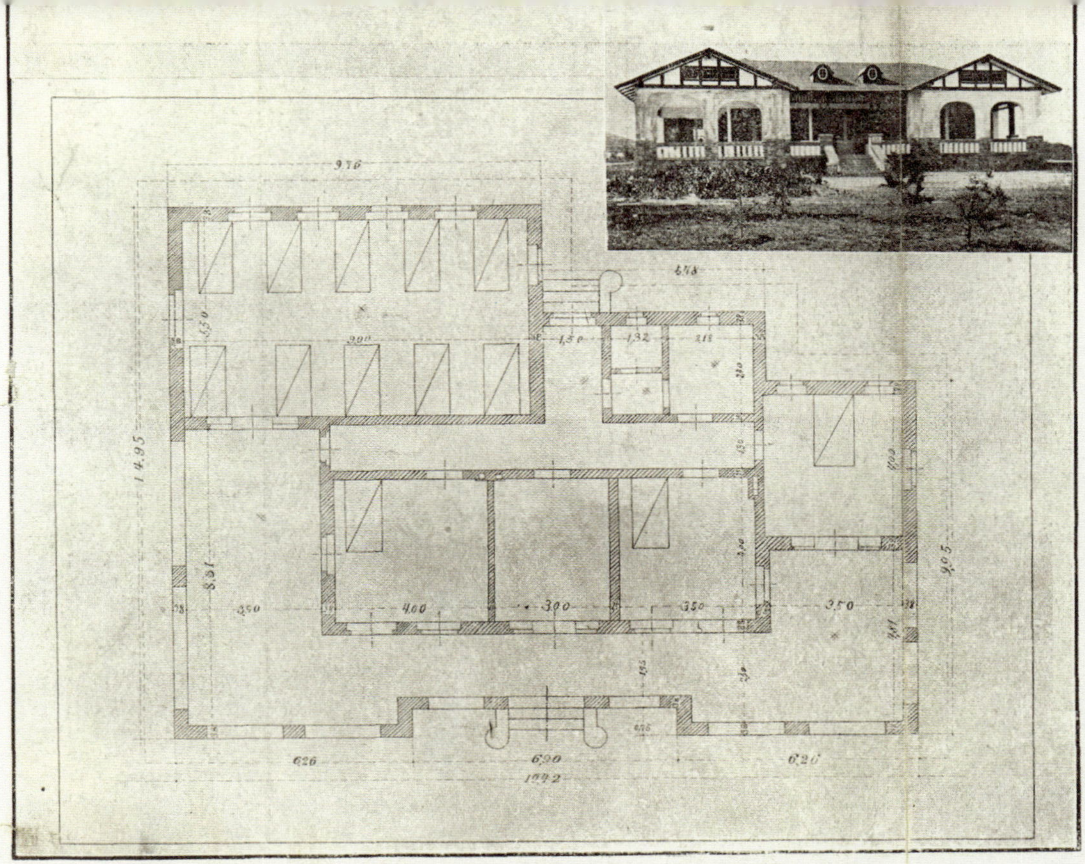

蓮峯醫院建築圖

公益会重视教育工作，成员捐建了北戴河区立完全小学，资助了刘庄小学、陆庄联立小学；卢木斋捐建了单庄小学。

1936年建北戴河区立完全小学

1919年9月，朱启钤向内务部呈文，要求将联峰山、鸽子窝等名胜限制租卖，留为中外人士登临凭眺之所，禁止在联峰山采石、狩猎等活动。公益会整修了观音寺、古墩台等名胜古迹。

20世纪20年代环桥

1930 年在北戴河避暑的平津要人（从右至左为：北平副司令部总务处处长朱光沐、北平市代市长胡若愚、北戴河海滨公益会会长朱启钤、国民党中央监察委员李石曾、天津市市长张学铭）

风云际会

近代的北戴河，风云激荡，很多重大的历史事件都曾在北戴河上演。

1893 年，津榆铁路建成后，英、美传教士纷至沓来，在北戴河海滨修建了一些别墅。

1894—1895 年，中日甲午战争期间，为防御日本侵略军登陆，北戴河海滨修筑了大量战壕工事，建成的别墅毁于一旦。

1898 年 4 月 10 日，总理各国事务衙门上书光绪皇帝，议开秦皇岛为通商口岸，划定戴河以东至金山嘴沿海，向内三里，及往东北至秦皇岛对面，为各国人士避暑地，准中外人杂居。光绪皇帝朱批“依议钦此”，北戴河成为中国历史上第一个由国家确定的各国人士避暑地。

1898 年，聚居在北戴河海滨中部一带的外国传教士，成立了他们的自治团体“石岭会”，对辖区内的管理做了详细的规定，形同租界，极大地危害了北戴河地方行政主权。

1900 年，义和团运动蔓延至北戴河。4 月 28 日，义和团焚毁别墅 23 座。9 月，德军、英军进驻北戴河海滨，并相继建立起营盘，准备长期占领。

1916 年（民国五年），京奉铁路北戴河海滨支线筑成。周学熙在海滨莲蓬山西麓购地建“趣园”别墅。朱启钤首次来海滨避暑。到年底共有别墅 253 栋。

1917 年（民国六年）4 月 25 日，京奉铁路北戴河海滨支线试运行，定于每年 5 月 1 日通车，10 月初闭站。8 月，段祺瑞政府宣布加入协约国集团，对德宣战。德侨被遣返，纷纷出售别墅回国。基督教会设立崇德小学校。

1918 年（民国七年）6 月初，上海犹太人协会主席嘉道理来海滨谒见在此度假的北洋政府外交总长陆征祥，递交要求支持犹太复国的请愿书。朱启钤号召创办海滨自治公益会。

1919 年（民国八年）8 月 10 日，召开北戴河海滨自治公益会成立大会。9 月，公益会会长朱启钤发表声明并呈内务部：禁止买卖莲蓬山、鸽子窝两处土地，以保护风景名胜。公益会会员张叔诚捐款6000余元重修了观音寺。莲花石公园落成，占地133亩。临榆县改警察总局为警察厅，设四署，第四署为莲蓬山警察署。西经路筑成，该路东起海滨火车站，西至河东寨，长3455米，这是海滨第一条马路。

1922年（民国十一年）5月，第一次直奉战争爆发，奉军进驻海滨崔各庄。

1924年（民国十三年）夏，张学良来北戴河，当时正在酝酿第二次直奉战争，张学良从法国购进水上飞机，由秦皇岛来海滨试飞。7月，北戴河成立“沪案后援会”，组织在北戴河英使馆别墅工作的华工罢工，并将印有外文的传单分寄给在海滨别墅避暑的各国人士。9月，第二次直奉战争爆发。直军骑兵进驻海滨草厂村，赤土山机场成为直军第三飞机场。10月26日，直军溃逃，奉军进驻，按户搜刮，扰攘尤甚。11月上旬，战事终止。

1930年（民国十九年），中原大战爆发，张学良第三次来北戴河海滨。蒋、冯、阎各方代表云集于此，游说张学良。中原大战各方势力极力拉拢争取东北军势力。东北军驻山海关步兵第二一三旅旅长马廷福被蒋系收买，欲发动兵变，张学良运筹帷幄，将马逮捕法办。

1932年（民国二十一年）5月，中华民国河北省政府颁布北戴河海滨自治区组织章程，成立海滨自治区公署，接替公益会行使地方行政权力。初夏，以英国李顿爵士为首的国联调查团要到东北调查“九一八”事变的经过和战争责任。为便于起草调查报告书，张学良指定北宁铁路局局长高纪毅、北平行营总务处长朱光沐和副官朱海北等人组成“国联调查团海滨招待组”，专门安排国联调查团在北戴河的生活起居，招待组设在“章家楼”。

1945年（民国三十四年）9月2日，日本正式投降。国民党政府接收了北戴河海滨，成立了北戴河海滨管理局，直属河北省，海滨警备所改为海滨警察局，直接隶属河北省民政厅警备处领导。德、日、意等敌国别墅被国民党政府没收。

1948年（民国三十七年）11月26日，北戴河全境解放，建立海滨人民政权。

北戴河近代旅游业的发展，吸引了众多中外知名人士来此避暑休养，留下了众多的风云故事和诗文佳作。张学良三次造访北戴河，与赵四小姐结下白首之约；民国外交家顾维钧在此避暑不忘国事，提醒张学良注意驻东北日本关东军动向；翰林总统徐世昌留下“汉武秦皇一刹过，海山无恙世何云”诗篇；南海圣人康有为留下“天开图画成乐土，人住蓬莱似列仙”佳句；徐志摩留下著名散文《北戴河海滨的幻想》；吕碧城留下《北戴河游记》；陈衡哲写下了“提到北戴河，我们一定要联想到两件事，其一是洋化，其二是时髦”；梁启超四游北戴河；梅兰芳游北戴河，万人空巷……北戴河的秀美风光激发了文人雅士的创作灵感，留下了诸多佳作遗篇。

与此同时，外国的社会名流在北戴河也留下了许多人文过往。20世纪二三十年代，美国传教士、鸟类学家胡本德在北戴河编著《直隶的鸟类》。1935年，美国新闻记者海伦·福斯特·斯诺，情感在此得到激发，访问延安，写出了《续西行漫记》。20世纪20年代，奥地利著名建筑设计师罗尔夫·盖苓来到北戴河，设计了大量建筑作品……

张学良（1901—2001），字汉卿。曾于 1924 年、1929 年、1930 年三次来北戴河海滨。

1924 年夏，张学良率领东北军航空处在赤土山机场试飞从法国购进的飞机。

1929 年夏，张学良下榻天津富商章瑞廷别墅，在天津相识的赵一荻来到北戴河，住在毕其饭店。张学良与赵四小姐得偕白首之约。

1924 年夏张学良在北戴河

1930 年张学良浴罢后归至北戴河行辕章家大楼

1930 年在北戴河避暑的张学良、孙传芳、朱光沐

1930 年夏张学良的卫队在北戴河海滨火车站迎接贵宾

1930 年 8 月，张学良来北戴河避暑，模范遵守景区严禁使用汽车等交通工具的规定，以当地的毛驴或人力车、自行车为交通工具。

张学良在北戴河海滨游玩

1930 年在北戴河避暑的张学良夫人于凤至与李夫人、伦夫人在一起

◁張副司令海濱浴後偶攝▷

主辦遼西水災協賑會之張于鳳至夫人
（北戴河避暑時攝）　。妙觀寄。
Mrs. Chang Hsueh-Liang, new the chairman
of the West Mukden Floods Relief.

1924年朱启钤（右三）与黎元洪（右一）、张学良（右四）、徐世章（右二）等在北戴河合影

张学良在北戴河检阅海军

的絛稅，而豫禍者。夫絛稅，豈足以引起人們之

北戴河海濱車站之幾位要人
（由左至右：陳公博，胡若愚，郭泰祺，劉師鄭）
。師鄭攝贈。
Several prominent persons at the Peitaho Beach Station.

1930年7月，中原大战正酣。手握重兵的东北军统帅张学良成为交战双方争相拉拢的对象。8月张学良到北戴河避暑，蒋介石集团派张群、吴铁成等，反蒋势力派胡若愚、傅作义、郭泰祺、陈公博、刘师郑等，云集北戴河游说张学良。张学良周旋于各派力量之间。9月18日，张学良权衡利弊，发表拥护中央政府"和平通电"，派兵入关，战争以蒋介石的胜利告终。

最近南駛之鎮海艦上之飛機 ○廣秀攝○海怪寄自北戴河○

▷在秦皇島下碇之渤海艦隊水面飛機之二架◁
Hydroplanes of the Po-Hai Squadron at Ching Wang Tao.
(By Col. P. Hemiakoff)

1932年，海琛舰在海滨停泊，邀请部分有身份的游客登舰参观，人们争相观赏甲板上的水上飞机。

▷停泊北戴河海濱之海琛軍艦船面◁ ○宗憲寄贈○

由海濱赴軍艦上參觀之中外人士……慶雲贈刊◇◇

▷北戴河海濱之張學良衛隊◁ ○東北新聞影片社攝○
General Chang Hsiao-Liang's body-guards ready for the sea bath, Peitaiho.

◇◇停泊北戴河濱之軍艦海琛號(上)(A)艦長戴希彭(B)副長李志山

1932 年，国联调查团部分团员在北戴河海滨人力车上（左起：顾维钧、李顿、马柯迪）

顾维钧（1888—1985），字少川，汉族，北洋政府和国民党政府时期外交界的领袖人物，历任北洋政府驻墨西哥、美国、古巴、英国公使，北洋政府的外交总长、财政总长、代理国务总理等职。1931 年“九一八”事变后，以中国代表身份参加了国际联盟李顿调查团，调查日本帝国主义在中国东北的侵略罪行。

顾维钧在北戴河中海滩 1 号建西式别墅一座，建筑面积 472.78 平方米。1912—1931 年，他“每逢夏季经常在星期五晚上去北戴河度周末”。

国联调查团成员游览鹿囿

◎◎北戴河之避暑 顧維鈞夫人 立其兩傍者爲意國公使館館員之女眷◎◎

北戴河海琛艦上之顧維鈞夫人

◦廣秀攝◦海怪寄◦

1929 年 8 月，梅兰芳与夫人福芝芳来北戴河避暑。《北洋画报》上刊登了梅兰芳夫妇同游北戴河的消息，还配有许多他们的照片。该消息称：台上的梅兰芳是人人看得见的，下装的梅兰芳是人人想一看的，穿着海水浴背心、曲线美毕呈的梅兰芳，更是人所不得见而极希望见的。

1929 年梅兰芳与夫人福芝芳在北戴河海滨留影

▷梅蘭芳與其妻福芝芳女士出浴合影◁

The famous actor Mei Lan-Fang with his second wife at the Beach.

▷梅婦福芝芳與某夫人浴後談笑之留影◁ ◇ ◇ ◇

Mrs. X. and Mrs. Mei Lan-Fang, wife of the famous actor, at the Peitaihe Beach.

▷騎驢游山◁ 〔梅蘭芳(○)及其夫人福女士(△)與友出游〕

Actor Meiand his wife starting with their friends for a little promenade.

▷一幅梅妃出浴圖◁（福芝芳女士）

Another photo of Mrs. Mei Lan-Fang.

▷梅夫人福女士之旁面觀◁

Mrs. Mei Lan-Fang.

徐世昌（1855—1939）

1919年北戴河莲花石公园建成，徐世昌来海滨游览并题诗。

题莲花石公园

徐世昌

海上涛头几万重，白云晴日见高松。
莲花世界神仙窟，孤鹤一声过碧峰。
秦皇汉武一刹过，海山无恙世云何。
中原自有长城在，云壑风林独寤歌。

周学熙（1866—1947），字缉之，号止庵，中国近代著名实业家。

1916年在河东寨购买土地，建筑了“趣园”别墅。

趣　园

周学熙

纷纷朝市软红尘，谁访桃园古渡津。
茅屋新茨堪下榻，石舟垂钓可怡神。
千重翠嶂诗中画，几緉青芒物外人。
领略山林闲经济，羞称廊庙有丝纶。

康有为（1858—1927），中国近代著名的政治家、思想家、教育家，资产阶级改良主义的代表人物。1923年夏，曾游历北戴河，留下四首著名诗篇，赞咏北戴河秀丽风光。

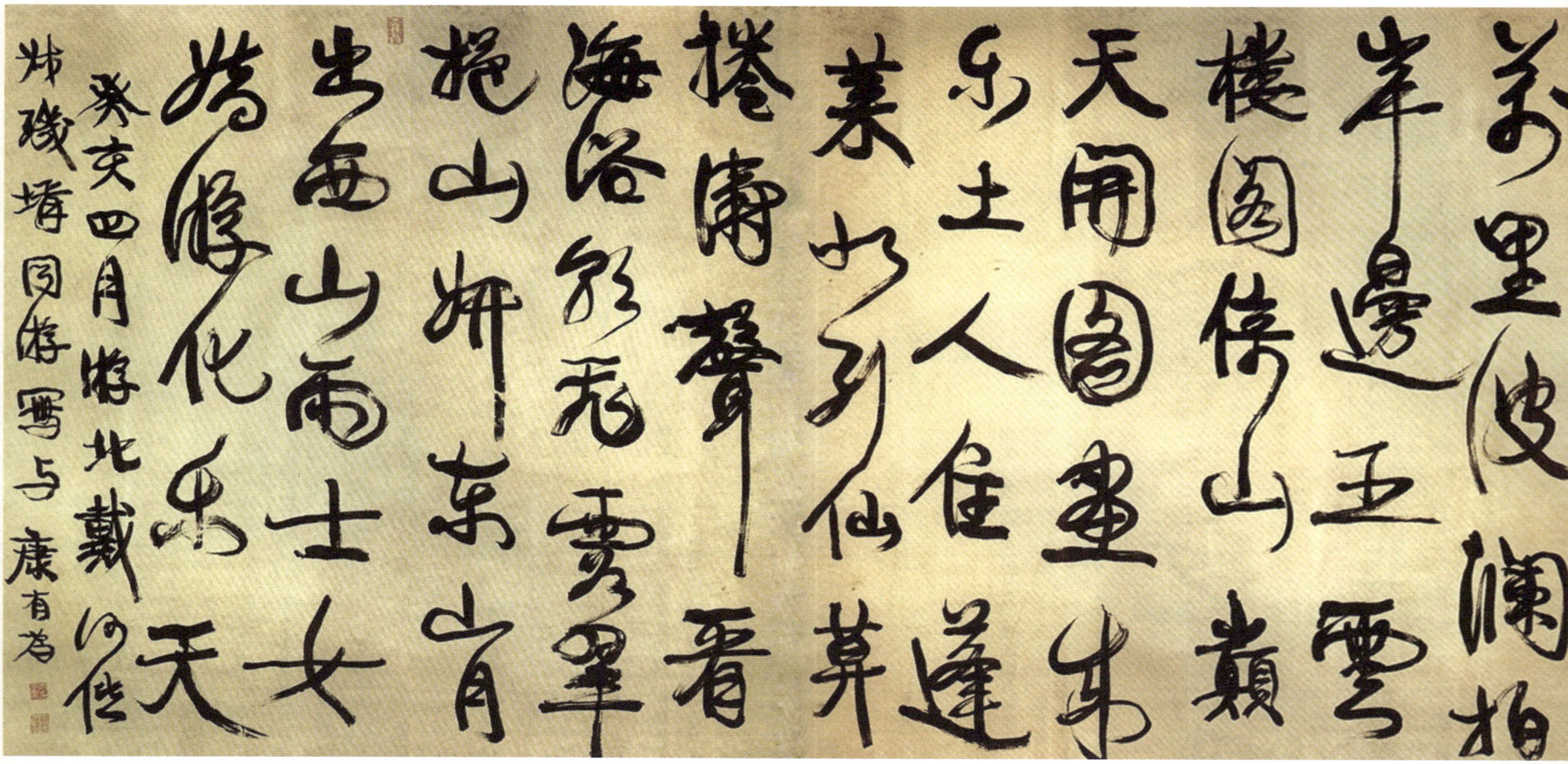

1923年康有为《游莲花石公园》手迹

1925 年梁启超（左）与其子梁思忠在北戴河海滨浴场留影

梁启超（1873—1929），中国近代思想家、政治家、教育家、史学家、文学家，曾四次来北戴河避暑。1925 年 8 月，梁启超购买东二路 23 号别墅作为家人避暑之所。

许世英（1873—1964），曾任北洋政府司法总长、内务总长、交通总长等职。1917 年任交通总长期间，他拨款修建了由北戴河火车站至海滨的铁路支线。1918 年、1920年、1921 年、1924 年连续四年来北戴河，写下诗篇六首。

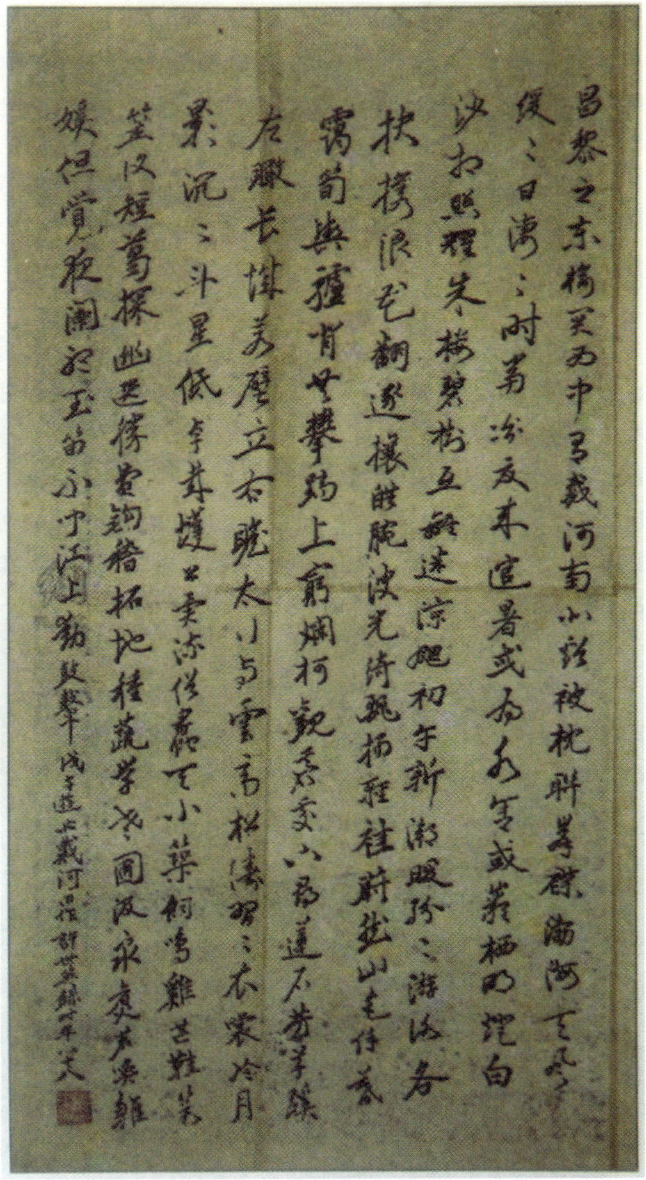

1918 年许世英游北戴河海滨诗

吕碧城（1883—1943）

1913 年，吕碧城来北戴河避暑休养，写下著名的《北戴河游记》。

若夫海滨之风景，清奇高亢、气象万千，有如西方美人，细腰捷足，曳长裾飘飘欲仙，令人见之具潇洒出尘之想，则北戴河似焉。

——吕碧城

徐志摩（1987—1931），中国近现代著名作家，“新月派”代表人物。

1923 年 8 月来北戴河避暑，期间创作了《北戴河海滨的幻想》，1924 年 6 月 21 日在《晨报·文学旬刊》发表。

难得是寂寞的环境，难得是静定的意境；寂寞中有不可言传的和谐，静默中有无限的创造。

——徐志摩

胡适（1891—1962）

1924年8月来北戴河，正值七夕节，作《鹊桥仙·七夕》。

鹊桥仙·七夕

胡 适

疏星几点，银河淡淡，新月遥遥相照。
星仍旧隔银河，难道相逢嫌早。
不须珠盒，不须瓜果，不用深深私祷。
学他一岁一相逢，邪便是天孙奇巧。

郁达夫（1896—1945）

1934年8月19—21日郁达夫偕夫人王映霞来北戴河游览，在他的《故都日记》和《郁达夫自传》中作了记载。

有两件事情，我是觉得北戴河要比青岛好些，第一是汽车的声音绝无；第二是避暑名人的高尚。

——郁达夫

梁燕卿之女公子又一影（北戴河）

Above and Right: Miss May Liang, a daughter of Mr. Liang Yen-Ching.

旅津富商梁燕卿第十一女公子（北戴河）

海濱逭暑之名閨黎紹芬女士

1931 年“北戴河小姐”号上之张美生

张美生，在美国长大，生活作风西化，人称“美国张”，是天津洋场著名的交际花，每届夏季，都来北戴河避暑。张美生的追求者众多，其中袁世凯第十一公子袁克安在原配夫人李宝慧去世后，成功追求到张美生。

1931 年坐在“北戴河小姐”号上的张美如（张美生之妹）

1931 年张美生在北戴河海滨

1931 年张美生在北戴河海滨

1930 年参加赈灾书画的书画家游览联峰山

1931 年南开大学海口旅行团在北戴河

陕西“民国十八年年馑”这场特大的自然灾害，在中国以及世界的历史上，都是极其罕见的。全省有 200 多万人被活活饿死，200 多万人流离失所，逃亡他乡，全省 92 县尽成灾区。赤野千里，尸骨遍地。社会各界纷纷援手，书画界组织大型书画展览在全国各地进行展览，义卖募捐。1930 年在北戴河举办了赈灾书画展览。

金达（1852—1936），英国铁路工程师。1880—1881年任开平矿务局总工程师，建造了中国第一条符合国际标准轨距铁路，设计制造出中国第一台蒸气机车，取名龙号机车。1890—1894年，任津榆铁路总工程师，在勘测线路至北戴河时，发现这里“沙软潮平，为海水浴之最佳处”，在京津广为宣传。西人开始卜居于此，北戴河逐渐发展为避暑旅游胜地。

金达与龙号机车

20 世纪 20 年代美国传教士赫约翰一家人在别墅外廊

赫约翰（1888—1957），出生于山东登州，美国长老会传教士。1917—1943 年受美国长老会指派，在北京基督教青年会工作，积极参与社会活动，曾任北京国际统一救灾会干事，负责协调募捐善款，兴办教育和赈济灾民。1918—1931 年参与洪水和饥荒救济项目，曾任燕京大学的董事会董事。1934 年 6 月，赫约翰夫妇在其避暑别墅接待了美国汉学家费正清教授及其夫人威尔玛、《中国论坛报》主编伊罗生等。

1932 年 8 月赫约翰家孩子们手持网球拍休息

20 世纪 20 年代赫约翰与友人在别墅前

20 世纪 20 年代赫约翰与友人在别墅院墙

20 世纪 20 年代赫约翰家的孩子们在北戴河

20 世纪 20 年代赫约翰家的孩子们在北戴河

胡本德（1888—1975），美国公理会传教士。1913 年来华，长期担当美国人创办的“华北公理会”保定教区的牧师。1940 年前后，胡本德转往北平“华北公理会”董事部任职。

胡本德长期研究中国北方的鸟类，经常来北戴河观察鸟类的生活情况，对我国北方鸟的种类和迁徙情况以及地理分布知之甚深。1938 年，与在北京通县传教的美国教士万卓志合作编著了《直隶的鸟类》一书，记述了约 300 种鸟类，有图并附，是北戴河鸟类研究最早的著述。

胡本德与友人在海滨打猎

20 世纪 30 年代胡本德调查鸟类生存状况

《直隶的鸟类》及内页

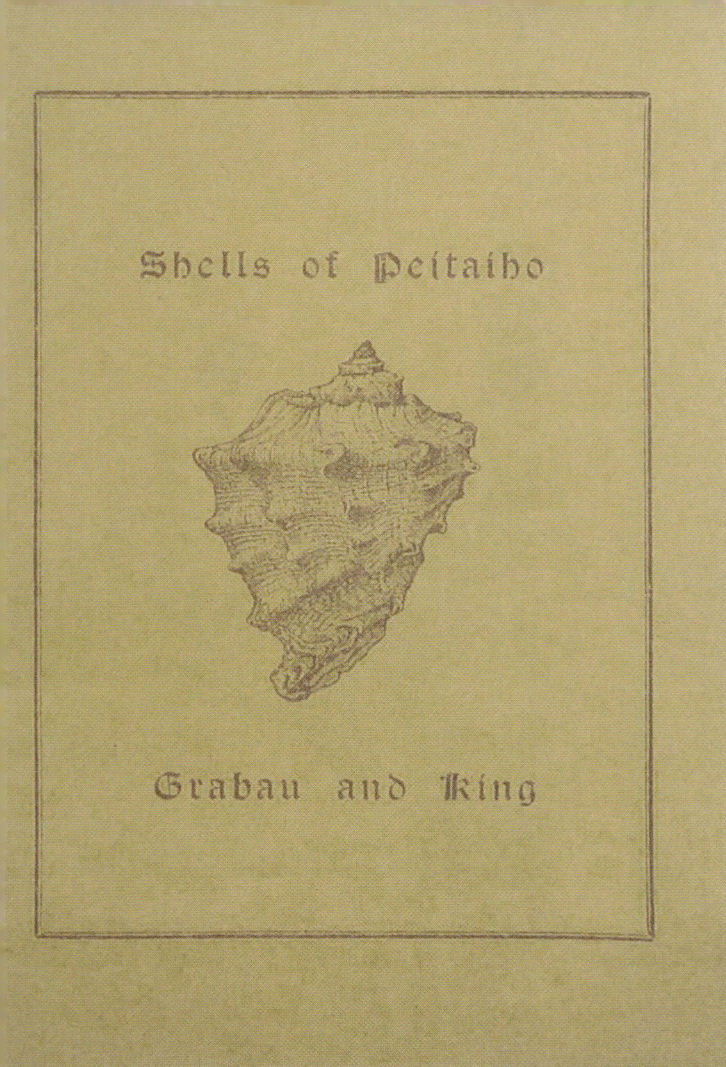

葛利普，美国地质学家、古生物学家、地层学家。1920年应聘到中国，任农商部地质调查所古生物室主任，兼北京大学地质系古生物学教授。1925年，在葛利普和金绍基的努力下，创建了北京博物研究院，为研究渤海的海洋生物，在北戴河建立海洋生物实验室，收集了大量的海洋软体动物。1928年，葛利普和金绍基合著的《北戴河的贝类》（Shells of Peitaiho）在北京出版。这是北戴河贝类最早的研究成果，也是中国海洋贝类研究最早的学术专著。

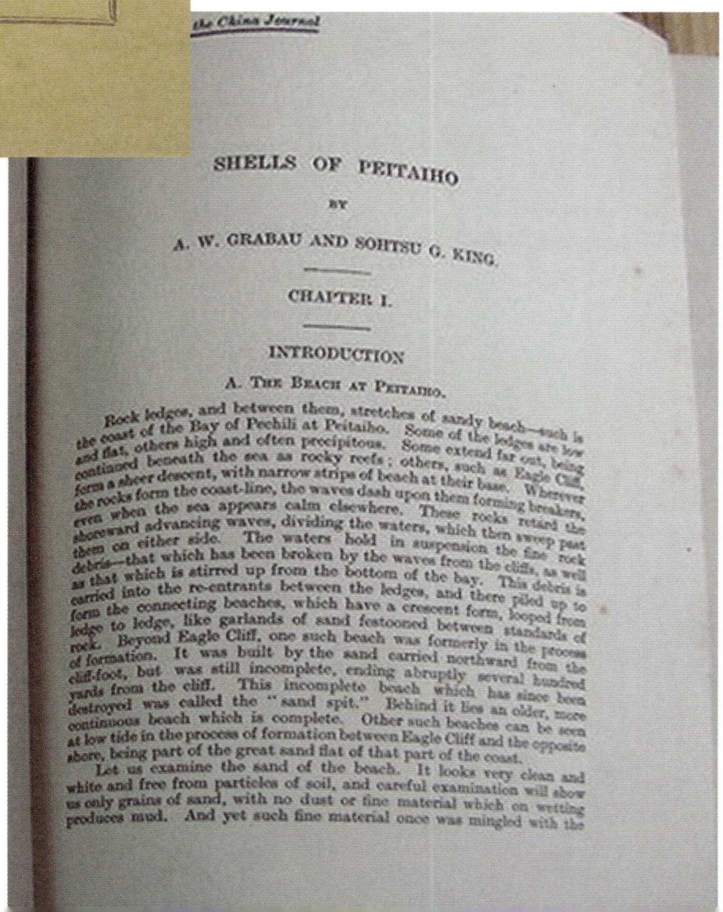
the China Journal

SHELLS OF PEITAIHO

BY

A. W. GRABAU AND SOHTSU G. KING.

CHAPTER I.

INTRODUCTION

A. THE BEACH AT PEITAIHO.

Rock ledges, and between them, stretches of sandy beach—such is the coast of the Bay of Pechili at Peitaiho. Some of the ledges are low and flat, others high and often precipitous. Some extend far out, being continued beneath the sea as rocky reefs; others, such as Eagle Cliff, form a sheer descent, with narrow strips of beach at their base. Wherever the rocks form the coast-line, the waves dash upon them forming breakers, even when the sea appears calm elsewhere. These rocks retard the shoreward advancing waves, dividing the waters, which then sweep past them on either side. The waters hold in suspension the fine rock debris—that which has been broken by the waves from the cliffs, as well as that which is stirred up from the bottom of the bay. This debris is carried into the re-entrants between the ledges, and there piled up to form the connecting beaches, which have a crescent form, looped from ledge to ledge, like garlands of sand festooned between standards of rock. Beyond Eagle Cliff, one such beach was formerly in the process of formation. It was built by the sand carried northward from the cliff-foot, but was still incomplete, ending abruptly several hundred yards from the cliff. This incomplete beach which has since been destroyed was called the "sand spit." Behind it lies an older, more continuous beach which is complete. Other such beaches can be seen at low tide in the process of formation between Eagle Cliff and the opposite shore, being part of the great sand flat of that part of the coast.

Let us examine the sand of the beach. It looks very clean and white and free from particles of soil, and careful examination will show us only grains of sand, with no dust or fine material which on wetting produces mud. And yet such fine material once was mingled with the

1928年出版的《北戴河的贝类》

海伦·福斯特·斯诺（1907—1997），美国新闻记者，中国人民的忠诚朋友。1931 年 8 月来到中国，1935 年、1936 年，海伦·斯诺两次来北戴河海滨避暑度假。

935 年海伦·斯诺在北戴河海滨

20 世纪 30 年代海伦·斯诺在北戴河

西德尼·戴维·甘博（1890—1968），是一位社会经济学家、人道主义者和摄影家，终生致力于中国城镇和乡村社会经济问题的调查和研究。从 1917 年到 1932 年，甘博先后四次访华，多次来北戴河，用他的摄影机为我们留下北戴河近代丰富的图像档案。

1919 年甘博在北戴河

1919 年甘博与夫人在北戴河海滨

1919 年甘博与夫人在避暑别墅前

莫理循（1862—1920），澳大利亚人，1897—1912 年任《泰晤士报》驻华首席记者，是与近代中国关系密切的旅行家及政治家。1912—1920 年，出任中华民国总统政治顾问。

1911 年 10 月 10 日，武昌起义爆发，莫理循从北京向《泰晤士报》发出了题为《武昌的重大起义》《首相袁世凯》等带有明显倾向性的系列报道。1912 年，袁世凯就任大总统，莫理循接到了袁世凯秘书蔡廷干的信，中华民国希望聘其担任政府顾问。由于没有思想准备，他便选择到北戴河度短假，理顺思路后，在这里做出接受总统政治顾问的决定。

1912 年莫理循在北戴河海滨留影

国际共产主义战士理查德·傅莱，1920 年生于奥地利维也纳。他参加过反法西斯斗争，并成为一名奥地利共产党员。1939 年 1 月，为支援中国抗日战争，傅莱只身来到中国，先后在上海、天津、北京等地医院工作。期间，他四处寻找中国共产党。1940 年，在北戴河结识保定基督教青年会的美国人胡本德，经由其介绍几经辗转来到晋察冀边区。1944 年，聂荣臻司令员介绍傅莱加入中国共产党，新中国成立后，他加入中国国籍。

1940 年理查德·傅莱在北戴河

1933 年爱波斯坦在北戴河海滨打猎

伊斯雷尔·爱波斯坦，出生于波兰华沙。两岁时，随父母绕道日本来到中国，在哈尔滨、天津等地度过青少年时光。1944 年，他突破重重封锁访问了延安，把解放区的见闻、观感传播到全世界。1957 年，他加入中国国籍。从少年时代起，爱波斯坦就与北戴河海滨结下了不解之缘。

1920 年爱波斯坦与父亲在北戴河

1931 年“九一八”事变发生后，蒋介石政府实行不抵抗政策，幻想通过国联制裁日本，请求国联组织调查团来华调查事变真相。1932 年初，国际联盟组织以英国李顿爵士为首的调查团来华调查。

6 月，调查团到东北调查“九一八”事变经过和战争责任，行前来北戴河，在此起草调查报告书。张学良组建“国联调查团海滨招待组”接待国联调查团。

國聯調查團委員，在北戴河巴貝樓上休息。圖中自右至左【一】顧夫人【二】顧維鈞躺於睡椅上者爲雷頓

【王問津攝】

國聯調查團委員在北戴河海濱西山對話石上遠眺。

【王問津攝】

旅游盛事

光绪二十四年（1898 年）三月初三日，总理各国事务衙门上书光绪皇帝，以“秦皇岛隆冬不封，与津榆铁路甚近”为由，议开秦皇岛为通商口岸。光绪皇帝朱批“依议钦此”，同时，批准“戴河以东至金山嘴沿海，向内三里，及往东北至秦皇岛对面，为各国人士避暑地，允中外人杂居”。秦皇岛港成为中国历史上首批自开口岸，北戴河海滨成为中国历史上第一个由国家确定的各国人士避暑地。

自此，外国传教士、外交人士、商人纷至沓来，许多别墅建成使用。由于海滨公益会及有关方面的努力，早在 20 世纪 20 年代，北戴河就成了远东罕有其匹的旅游避暑地，被誉为“东亚避暑地之冠”。现代意义上的旅游业，是以旅游资源为凭借，以旅游设施为条件，为旅行游览服务的综合性行业，它是近代经济发展的产物。而这恰恰在北戴河海滨最早得到体现和发展。

1925 年，由公益会干事管洛声编著、梁启超署检的《北戴河海滨志略》一书，列举了东联峰山、莲花石公园、鹿囿、蝬公桥、观音寺、如来寺、说话石、对语石、海眼、骆驼石、仙人洞、福饮泉、鸽子石、

1930 年游客在北戴河

韦陀像、古墩台、通天洞、钟楼、中莲峰、上莲峰等24处景点，并以“胜事汇记”记载下“海水游泳”“网球竞赛”“夜阑舞踏”“沙渚猎禽”“仕女骑驴”“扁舟垂钓”“莲峰灯火”“东隅初日”“雨后观瀑”和“松林延月”10项游娱项目。这些项目在当时中国可谓是新鲜事，是一道近代旅游风景线，志书记载比较详细，旅游在当时盛况一时。

20世纪初，北戴河出现了中国旅游史上许多开创先河之举。1896年，第一张旅游招贴画——“仕女骑驴图”诞生；1917年，第一条旅游铁路支线——海滨支线建成；1921年，第一本旅游导游书《北戴河指南》出版；1921年8月，历史上第一条航空旅游专线开通；1936年，当时中国最大的19孔高尔夫球场建成。众多“第一”奠定了北戴河在中国近代旅游史上的显赫地位，20世纪20年代，北戴河海滨就被誉为“东亚避暑地之冠”。

第一张旅游招贴画

中国第一幅旅游招贴画“仕女骑驴图”，创作于清光绪二十二年（1896 年），后被京奉铁路总工程师金达作为招贴广告，张贴于津榆铁路各大站点和外国人居住处，吸引人们到北戴河游玩。

西女骑驴

方 经

得得行来不用扶，
倒骑侧坐弄娇躯。
看他一样纤纤质，
华女如何魄力输。

1896 年仕女骑驴图

第一本旅游导游书

1921 年，徐珂编著的《北戴河指南》由商务印书馆出版发行。书中内容包括：北戴河之历史、游客须知、北戴河邮局章程、北戴河之名胜、北戴河之物产、北戴河风景图、附秦皇岛指南等 7 部分。该书成为中国近代第一本旅游导游书。

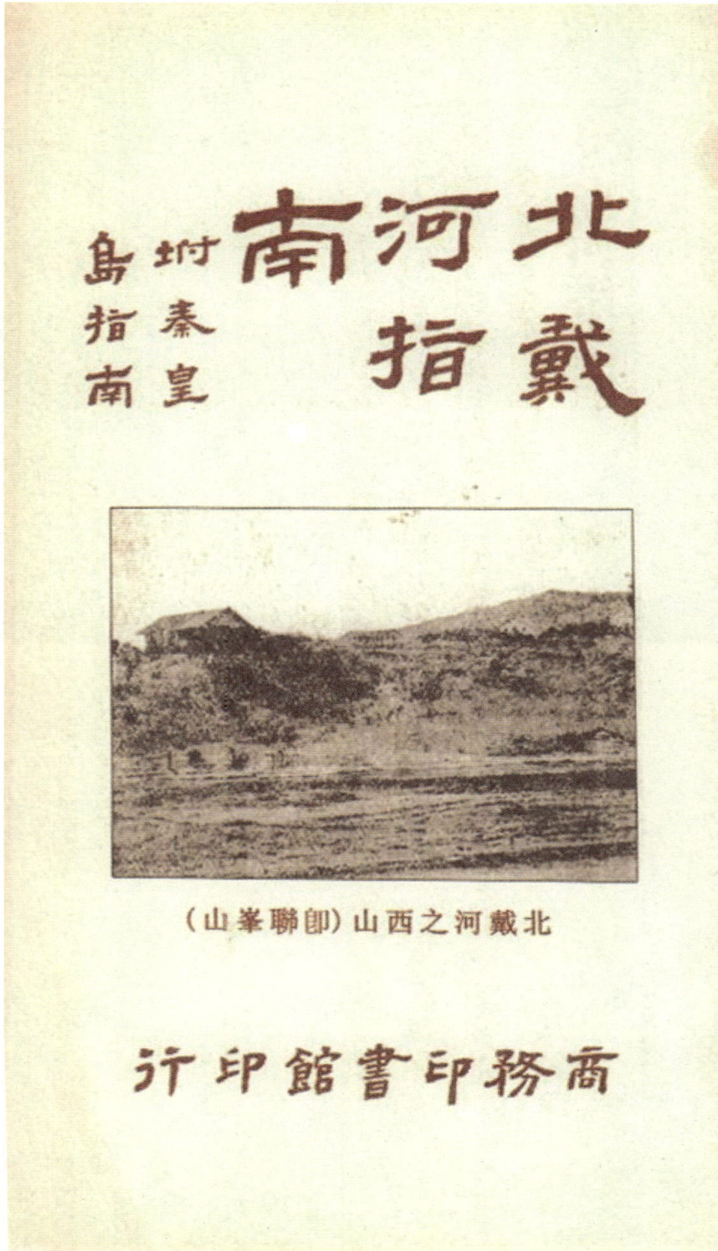

北戴河指南序

海濱之地多爽塏。空氣恆潔。於夏尤宜。海山蒼蒼。天風浪浪。吞吐大荒。濯足扶桑。游於其間者。足以豁襟抱而祛煩鬱。覩山林之奧區。或足以致瘴癘者。若尤勝之。我國海岸線之長。雖遜於英日。而欲求海濱避暑之地。易易耳。今乃惟以北戴河聞。豈國人囿於成見。亦若見賢焉而不能舉。乃曰人才消乏。至今已極。名世者必五百年而始一見耶。吾於是爲北戴河幸。幸其遇西人而得聞於世也。且幸其地之密邇京津。足以奔走當世之仕宦商賈。而大顯於世。將駕廬山莫干山雞公山而上之也。抑予猶有慨焉者。廬山之勝。雖自昔有聞矣。然非西人之經營牯嶺。則今之人方馳心於紛華侈靡之域。而不暇。亦何由知有廬山耶。莫干雞公二山。乃皆西人探檢而得。吾國人始從而表彰之。北戴河亦猶是也。何吾國人之乏自覺性。不爲主動。而皆爲被動耶。予至今日而始爲北戴河指南。以諗游者。亦被動也。可恥也。

中華民國十年六月杭縣徐珂仲可序於海上之涵芬樓

北戴河指南　序　二

1921 年 8 月 21 日降落在赤土山机场上的飞机

1921 年 8 月 21 日降落在赤土山机场上的飞机

第一条旅游航空专线

1921 年夏，中国第一条空中旅游航线平戴线（北平至北戴河）开通。该航线系北洋政府南苑航空署创办，北戴河机场设在赤土山北。1921 年 8 月 21 日下午 3 时 15 分，名为“白鸽”的美国商用飞机首航成功。该航线每年夏季运营，为到北戴河海滨避暑的政府官员及外国驻京使馆人员服务，亦提供航空邮政业务服务。

20 世纪 20 年代北戴河海滨火车站远景

20 世纪 20 年代海滨火车站

第一条旅游专线铁路

每逢夏季，驻京外国使节多前往北戴河海滨避暑，北戴河站距海滨尚远，交通不便，外国使节提出修路要求。京奉铁路局于 1915 年开工修建北宁铁路海滨支线，1916 年年底竣工，1917 年 5 月 1 日正式通车使用。海滨支线开通以后，中西人士避暑往来颇为便利。海滨支线作为我国第一条旅游铁路专线，极大地促进了北戴河避暑地的发展。

20 世纪 20 年代北戴河海滨火车站

Peking - Mukden Railway

Chinese Government Railways

SUMMER RESORTS OPENING OF PEITAIHO BEACH BRANCH LINE AND STATION

The public are respectfully informed that Peitaiho Beach Branch line and Station will be opened on 20th May for the season.

1st and 2nd class return Excursion tickets will be issued available for return any day up to and including 31st. October.

BY ORDER

Tientsin, 14th May, 1936

京奉铁路
中国政府铁路
夏季度假胜地
北戴河海滨支线及
车站开通

现谨敬告，北戴河海滨支线及车站将于5月20日度假旺季开通

一等车和二等车返程优惠票同时发售，返程日期随意选定，包括10月31日

欢迎预订

天津，1936年5月14日

（以上为译文）

1924年海滨火车站

北戴河海滨火车站站长室

铁路官房

中国最大的高尔夫球场

1936 年，北宁铁路处为了增加收入，在金山嘴灯塔角附近建设高尔夫球场，球场为 19 孔，面海一侧设凉台。承包商为天津盖苓美术建筑事务所，同年秋竣工，为当时中国最大的高尔夫球场。

北戴河还建有鹰角路东岭会教堂、莲花石公园运动场、海滨火车站东侧三个小高尔夫球场。

北戴河霞飛館旁之露天小高爾夫球場(二)○道生贈刊○

北戴河霞飛館旁之露天小高爾夫球場(一)○道生攝贈○

“提到北戴河，我们一定要联想到两件事，其一是洋化，其二是时髦。”（陈衡哲《再游北戴河》1932年9月）

近代北戴河有许多开风气之先的创举，徜徉于海滨的洋人、中国达官贵人、名门闺秀，穿着众多式样新奇的时髦服饰，引领时代潮流。同时，在北戴河海滨的沙滩上，还出现了一些身着泳装的摩登女郎，既秀身材更秀观念。

20世纪30年代北戴河的日本游客

1930年，朱启钤之女朱洪筠，穿着西式泳装在北戴河游泳，吸引了许多人的眼球，舆论哗然。虽说朱洪筠穿的泳装肩背部裸露的面积不是很大，可是在封建卫道士的眼中，已等同于赤裸。受过西方教育的大家闺秀、职业女性，走出了这一小步，是对封建礼教宣战的一大步，表明了时代新女性追求新时尚的观念。

1930年朱启钤之女朱洪筠身着西式泳装在北戴河游泳

朱海北夫人•某夫人•吳陳兩夫人（朱三四小姐）張學銘（北戴濱）

Mr. Chang Hsiao Ming taken with some of the Tientsin society ladies at Peitaiho Beach.

▷北戴河海濱蓆棚前之朱海北夫人及其小公子◁ ○譚林北攝○

Mrs. Chu Po and her young son at the Peitaiho Beach.

時髦的大衣與浴衣（某女士與某夫人攝於北戴河）

The beach new fashion as seen at Peitaiho.
(Mrs. K . . . . and Miss C . . . .)

大学青年学者在北戴河进行教学实践活动时的留影

北戴河海濱浴後——天津同生照林北攝

▷北戴河避暑之C女士◁ ○道生贈刋○

Miss C....., at Peitaiho.

20 世纪 20 年代外国传教士
在北戴河海滨别墅前留影

20 世纪 20 年代外国传教士在
北戴河海滨别墅外廊留影

1931 年北戴河海滨女郎背影

20 世纪 20 年代在北戴河避暑的美国游客

自1931年开始，每到夏季，天津舞场组织者俄罗斯人洽纳克夫，都在北戴河醉翁亭跳舞场举办“北戴河小姐”的跳舞比赛，邀请世界各国俊男靓女来北戴河参赛，1939年8月的“北戴河小姐”大赛，有17个国家的仕女参加，妮琪丁荣获“北戴河小姐”桂冠。

20世纪20年代北戴河夏令会跳舞场

1931 年“北戴河小姐”跳舞比赛宣传游艇

1931 年 8 月 27 日《北洋画报·海滨专页》报道：“最近北戴河海滨有一怪事，则天津各舞场之组织者白俄人恰纳克夫，在彼处发起有奖长时间不断的跳舞竞赛是也。”

1939 年 8 月 12 日《妇女新都会》头版整版内容为：“一九三九年北戴河小姐加冕礼”“醉翁亭展开肉屏风，北戴河化作胭脂水”“十七国仕女参加大典，八位评判员圈定锦标”“妮琪丁小姐鳌头独占”“两公主：施曼丽与伊沙菩拉”。

位于火车站与沙滩之间的醉翁亭露天咖啡馆，每到夏季举行选举“北戴河小姐”的盛大跳舞会。

8 月 5 日，关于“一九三九北戴河小姐”选举大典的消息，像潮水般轰动了整个海滨。经过多轮淘汰赛，在评判员的公正评判之下，一名中国选手和两名俄罗斯选手荣获“一九三九年北戴河小姐”前三名。

WOMAN WORLD
婦女新都会
醉翁亭展開肉屏風——北戴河化作胭脂水
一九三九北戴河小姐加冕禮
十七國仕女參加大典
八位評判員圈定錦標
妮琪丁小姐鰲頭獨占
兩公主：施曼麗與伊莎菩拉

北戴河海濱
名勝寫真

北戴河
海濱風光小寫
一九三九

海濱不息層層向前推進
飄泊人生回到大自然
本報啓事

1939 年《妇女新都会》报刊登的“北戴河小姐”赛况

近代，从北戴河火车站到海滨避暑区有10多千米路程，道路崎岖，交通不便。公益会限制在海滨使用汽车、摩托车等交通工具，为方便游客，海滨兴起“赶驴脚”。骑驴出行，大行其道。

1931年中国游客在北戴河旅游

1916年外国游客在北戴河

1925年外国人在北戴河打驴球

20 世纪 20 年代外国人在北戴河骑驴旅游

20 世纪 20 年代美国游客在北戴河

20 世纪初外国人在北戴河

20 世纪 20 年代赫约翰家的孩子们在北戴河

20 世纪 30 年代德兰格·佐姆斯等在北戴河骑驴旅游

20 世纪 20 年代赫约翰家的孩子们在北戴河

20 世纪 30 年代骑驴旅游

20 世纪 30 年代骑驴旅游

20 世纪 30 年代骑驴旅游

20 世纪 40 年代骑驴旅游

绅士网球

19 世纪末，网球运动传入北戴河。当时北戴河海滨较大别墅中的广场都设有网球场。1919 年，公益会在莲花石公园南侧建一公共网球场，供中外人士竞技比赛。20 世纪 20 年代，石岭会在西经路设立网球场。

▷北戴河新網球塲上的貴賓張學良氏(△)◁ ○譚林北攝○

Gen. Chang Hsiao-Liarg playirg tennis at the new Ternis Court, Peitaiho.

20 世纪 20 年代北戴河网球场

游泳戏水

西方人十分热衷于海水游泳，他们认为海水富含臭氧，进行海水浴能增加皮肤蒸发，有利血液循环，爽健精神，增进食欲，并可治疗各种疑难杂症。因此，在海滨避暑的西方人将游泳视为每天的必修课。

20 世纪 20 年代外国游客在北戴河海滨浴场

20 世纪 30 年代外国游客在北戴河海滨

外国游客在北戴河海滨

1930 年外国游客在北戴河海滨

20 世纪 30 年代北戴河中海滩浴场更衣室

20 世纪 30 年代北戴河中海滩浴场更衣室

爬山野餐

居住在北戴河的避暑者，闲暇时非常喜欢爬山旅游，找一个幽静而刺激的场所体验探险乐趣，是北戴河 20 世纪 20 年代的时尚。而爬矶石，成了那时探险旅行者的风尚。

20 世纪 20 年代外国游客在北戴河爬山旅游

野餐最初是法国上层人士在出游或者打猎时喜爱的一项野外活动，直到 17 世纪才真正流行开来。早在20世纪20年代，野餐在北戴河就已十分流行，海边、别墅旁、花丛中、绿树下，随处都是野餐的好地方。

20 世纪 20 年代外国人在海边野餐

20 世纪 20 年代外国人在联峰山野餐

20 世纪 20 年代外国人在联峰山野餐

沙浴、日光浴

将身体埋于海沙之中，利用海沙储存的热能辅助治疗各种病症，是当时非常流行的疗养措施。

1931 年《北洋画报》刊登的沙浴疗养

20世纪初的大众心目中，日光浴是治病的“良药”。日光浴是一种利用日光进行锻炼或防治慢性病的方法，主要是让日光照射到人体皮肤上，引起一系列理化反应，以达到健身治病的目的。

1925 年北戴河东山的游船

1931 年北戴河海琛舰上的游客

乘船出海

租船出海观光是北戴河海滨常见的旅游项目。

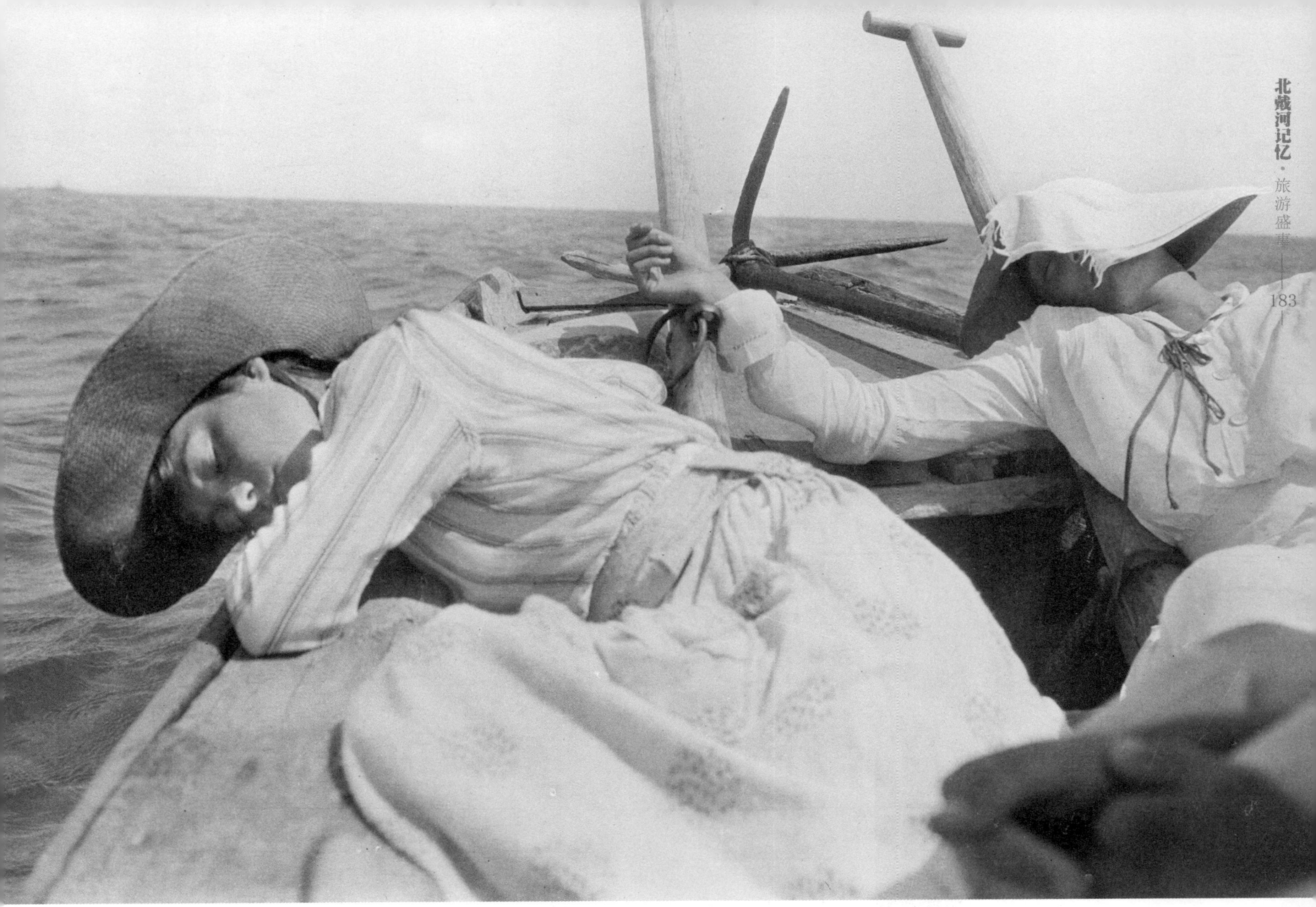

20 世纪 20 年代外国游客在北戴河乘船出海

20 世纪 20 年代外国游客在北戴河乘船出海

在楼叢中遥望之海琛軍艦（上）及艦上之一羣女客（下）
○藏自怪○秀○
河北寄海攝廣

1931 年北戴河海琛舰上的游客

20 世纪 30 年代北戴河海滨钓鱼的游客

扁舟垂钓

北戴河濒海临河各处都是垂钓的好去处，其中以老虎石和金山嘴等处最佳。这些地方水中藻类茂盛，游鱼很多。其次为戴河口，可钓淡水及咸水鱼。乘坐渔民的船只出海撒网、垂钓更是乐事。

20 世纪 30 年代海滨钓鱼的游客

20 世纪 20 年代北戴河海岸旅馆

旅馆饭店业兴起于 19 世纪末，20 世纪 30 年代初最为鼎盛，主要分布在西经路与东经路上。著名的有同福饭店、毕其饭店、拉倒饭店等，饭店服务于外国人和民国政要，餐饮以西餐为主。部分饭店设有乐队、舞场、高尔夫球场、网球场等设施。

綠樹四圍的北戴河房屋

毕其饭店，民国初年修建，早期由阿拉伯人开办，后由俄国人经营。楼房为两层，上有圆形尖塔，可供瞭望，在当时的北戴河海滨是一座引人注目的建筑物。毕其饭店以西式风味为主，接待中外人士。1929年夏，赵一荻及家人就下榻于此饭店。

铁路宾馆，建于1935年，北宁铁路局为解决避暑时期游人的住宿问题，在西经路北置地建设而成。

德国饭店，位于草厂西路，租用五凤楼开设，经理为一德妇，管理上井然有序，餐室清洁，顾客以外国人为多数。

20 世纪 30 年代德国饭店广告宣传车

同福饭店，民国时期海滨最大的旅游饭店，客房 88 间，服务项目齐全。

20 世纪 20 年代起士林北戴河分店

20 世纪 20 年代东海滩建筑群

近代建筑

北戴河的老别墅，就是老百姓俗称的“老房子”。这些老房子除别墅外，还包括近代教会建筑、公共建筑、商务建筑等。

1893 年，修筑津榆铁路的英国总工程师金达第一个发现了蓝天碧海、沙软潮平的北戴河，便在京津两地大力宣传，吸引了大批中外人士。同年，英国人史德华首开其端，兴建了第一所别墅。到 1898 年，清政府正式宣布北戴河为避暑区之后，传教士、中外名流、富商大贾纷纷在这里购地筑屋，当时盛极一时的北戴河与夏威夷齐名，被称为“东亚避暑地之冠”。从 19 世纪末到 1949 年新中国成立前夕，仅北戴河的名人别墅就达 719 幢。其中，美国、英国、法国、德国、俄国、意大利、比利时、加拿大、奥地利、西班牙、希腊等外国别墅就达 482 幢，成为仅次于庐山的中国第二大别墅区。

这些建筑分布在北戴河海滨联峰山至鸽子窝沿海 18 平方千米范围内。其风貌各异，集世界建筑艺术之大全，被誉为“万国建筑群”。中国建筑学界把北戴河海滨的别墅建筑风格归纳为“红顶、素墙、高台、明廊”。北戴河老别墅与周边环境高度融合，大多依山就势，错落有致，且能俯瞰大海，可谓“滨海山水，北国园林”。

北戴河的别墅风格独具，正是所谓的“蓝天绿树，红顶素墙，大回廊”。建筑风格以欧式为主，大多以花岗岩粗毛石为墙，红色的瓦片或铁皮为顶。“上空”（有阁楼）、“下空”（所有的房子都有地下室），特别适合海边潮湿的天气。每栋房子几乎都有回廊，一面、两面、三面、四面，各式各样。在房子里居住，闲暇时分，摆把躺椅在廊中，伴着习习海风看夕阳，绝对是上佳之选。

北戴河的老房子多为单层建筑，部分为二、三层建筑，大都以红顶、素墙、大阳台和小巧玲珑而见长。门、窗、墙、顶、台阶等通过艺术造型和点缀，既显露出鲜明的异国格调，又凸现出迥异的建筑流派，与庐山、鸡公山、莫干山并称为“中国近代四大别墅区”。这些老房子记录了北戴河乃至中国近代史的风云变幻，由于 100 多年的风雨剥蚀和各种人为因素的影响，这些不可再生的现代建筑资源已遭到不同程度的蚕食和破坏，目前保存完好的仅有 120 余幢。

曾有人想把北戴河的老别墅纳入某种西方建筑流派，或者说北戴河的老别墅吸纳了西方的多种建筑流派。其实，你看了几处特点鲜明的老别墅后，就不难发现，北戴河老别墅没有特意显示某种建筑流派的意思，只是显示了一种生活主张，主张优雅，主张享受，主张张扬个性，主张自然和谐。

20 世纪 20 年代北戴河海滨别墅

20世纪20年代北戴河东经路旁的别墅

20世纪20年代德国毕尔夫家族别墅

20 世纪 20 年代位于金山嘴半岛上的别墅

20 世纪 20 年代位于北戴河东山的美国传教士别墅

建于1908年的德国使馆避暑别墅公使楼

德国驻华使馆北戴河避暑别墅，位于西经路49号，建于1907年，占地59亩，建筑面积1692平方米。砖木结构，牛舌瓦屋顶，建筑精美，颇具德国山区别墅风格。

德国历任驻华公使穆然、哈豪森、卜尔熙、博郸、辛慈都曾来此避暑。

1932年，张学良招待国联调查团时，该建筑为美国代表住处，团长李顿曾住在德国府二号楼。

建于1908年的德国使馆避暑别墅外交人员楼

1907 年英国使馆购买的 1 号楼

1905 年，英国驻北京公使馆指派工程师威廉·考恩到北戴河，寻找合适的地点，建造避暑别墅。考恩选择了属于窦纳乐和李斯两块相邻的土地，于 1907 年建造了两栋别墅。公使朱尔典考虑扩建使馆别墅区，1909 年购买了相邻的三块土地建造别墅。别墅系英国人设计，由上海大新木厂经理徐德昌承包修建，1910 年竣工。

别墅建成后，英国驻华公使朱尔典、艾斯顿、蓝普森、贾德干等曾在此居住避暑。1930 年夏，英国驻远东皇家海军司令乘船舰“肯特号”率海军眷属船来海滨时也住在这里。英国府是各国外交使节在北戴河的活动中心。1941 年，太平洋战争爆发后，“英国府”被日本人占用。

日本投降后，当时的英国驻华大使施谛文曾来此视察，免费租给美国海军陆战队使用，随后交给英国皇家海军使用。

新中国成立后，经中英两国外交部多次交涉，1962 年中国政府以 41154 元的价格买回了这四所别墅。

1910 年建成的英国府 4 号楼

1910 年建成的英国府公使楼

1910 年建成的英国府 3 号楼

1910 年建成的英国府公使楼

20 世纪 20 年代齐燮元别墅

1912 年美国赫尔赛别墅

1922 年建成的邮电大楼

1898 年，直隶邮政局在北戴河海滨设立夏季邮局，只在暑期营业。

1914 年，夏季邮局改为北戴河南山邮局。

1920 年，在北戴河草厂设邮局代办处。

1922 年，北戴河海滨邮电大楼落成，邮局、电报局、中国银行在大楼营业。9 月，北戴河海滨邮局升格为二等邮局，业务由夏季营业改为常年营业。

1920 年位于北戴河草厂的邮局代办处

位于北戴河西四支路 6 号奥地利盖苓别墅

位于安二路旁的英国哈里逊别墅

德国巴贝楼，占地面积 10667 平方米，建筑面积 1534 平方米，上、下两层。原业主为天津济安自来水有限公司总经理、德商瑞记洋行经理巴贝。

德国巴贝楼内部装饰

挪威白兰士别墅，建于20世纪初，占地11亩，建筑面积483.95平方米。原业主为挪威人白兰士，20世纪20年代在上海北京路2号开办建筑工程公司，曾任上海市政府顾问工程师，参与上海城市规划与设计。

瑞士乔和别墅又名瑞士小姐楼，建于20世纪初，院落占地面积约6000平方米，建筑面积1062平方米。该别墅庭院是北戴河建筑历史环境保存最好的。

日本东金草燕别墅，建于 1942 年，建筑面积 440.92 平方米。原业主为北戴河海滨风景区管理局局长林伯铸，后转卖给日本人东金草燕，抗日战争胜利后，收归国有。20 世纪 50—60 年代，何香凝曾多次在此居住，又称何香凝别墅。

法国布吉瑞别墅，建于20世纪初，建筑面积692.5平方米。原业主为天津法商电力股份公司总经理法国人克利孟特·布吉瑞。

英国班地聂别墅

德国汉纳根别墅，建于20世纪初，院落面积13.6亩，建筑面积1467.46平方米。汉纳根为北洋水师创建人李鸿章的海军顾问。

美国辛柏森别墅

1928 年，美国林学博士辛柏森受美国美以美会的派遣，在东山玉溪路创办了汇文农科试验场，引进了苹果、葡萄、李子、樱桃等 20 多种优良果树，引进了荷兰奶牛、约克夏猪、来航鸡等优良禽畜，并引进和推广了华北绿化先锋灌木紫穗槐。辛柏森为自己设计建造了一栋别墅，因其造型别具特色，被称为“怪楼”。

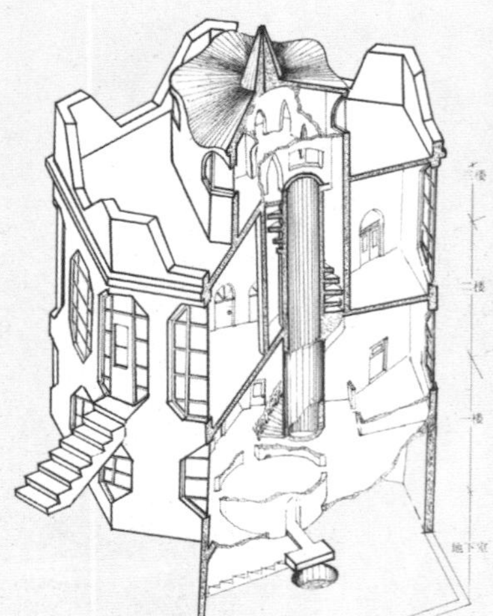

辛伯森怪楼剖面图

辛伯森楼正等测复原图

美国赫约翰别墅

美国雷尔别墅

屋必有廊，廊必深邃，用蔽骄阳，用便起居，游息入夜，每多卧于廊际，以呼吸清新空气。最佳之建筑则四面回廊，可因时趋避风日。（1925 年《北戴河海滨志略》）

意大利卡其别墅

1917 年，朱启钤向张叔诚买下莲蓬山原公园路一带的土地，自己设计建造了一座别墅。别墅于 1918 年经当地祁姓包工头建成，地址为原公园路 8 号，取名“蠡天小筑”，取春秋时越国大臣范蠡灭吴国后脱离官场隐于市的意思。

蠡天小筑

五凤楼

徐世章别墅，建于民国初年，民族资本家雍剑秋建造，后转卖给津浦铁路局局长徐世章，建筑面积575.99平方米。

詹宗曾别墅

王振民别墅

王振民别墅石刻碑记

王振民别墅，建于 1941 年，原业主为天津民族资本家王振民。建筑面积 220 平方米，欧式建筑风格，毛石基础、墙体，前墙装饰有石砌连年有鱼、变形钱纹图案，木质梁架，铁瓦屋顶，占地面积较大，环境优美。

王振民别墅外廊

陶通伯别墅

章家楼，建于 1925 年，占地面积 17 亩，建筑面积 1538 平方米。原业主为天津富商章瑞廷。其与张作霖关系密切，多生意往来。1929 年、1930 年，张学良曾两次下榻于此。

章家大樓前之調查團員

20 世纪 20 年代章家楼大门

吴家楼，建于 1919 年，占地面积 35 亩，建筑面积 2245 平方米。原业主为天津金城银行董事长、盐业银行总经理吴鼎昌。德国工程师魏迪锡设计，北戴河营造商阚向舞承包施工。

段家楼，建于 1918 年，建筑面积 1348.8 平方米。原业主为北洋政府陆军总长段芝贵。段家楼为德国建筑设计师魏迪锡设计，由当地包工头阚向舞施工。

图书在版编目（CIP）数据

北戴河记忆 / 闫宗学主编. —秦皇岛：燕山大学出版社，2018.9
ISBN 978-7-81142-741-7

Ⅰ. ①北… Ⅱ. ①闫… Ⅲ. ①北戴河－概况 Ⅳ. ① K928.42

中国版本图书馆 CIP 数据核字（2018）第 205667 号

北戴河记忆
闫宗学 主编

责任编辑：李 冉
封面设计：李海垠
出版发行：燕山大学出版社 YANSHAN UNIVERSITY PRESS
地 址：河北省秦皇岛市河北大街西段 438 号
邮政编码：066004
电 话：0335-8387555
印 刷：北京美图印务有限公司
经 销：全国新华书店

开 本：787mm×1092mm 1/12 印 张：19 字 数：200 千字
版 次：2018 年 9 月第 1 版 印 次：2018 年 9 月第 1 次印刷
书 号：ISBN 978-7-81142-741-7
定 价：188.00 元